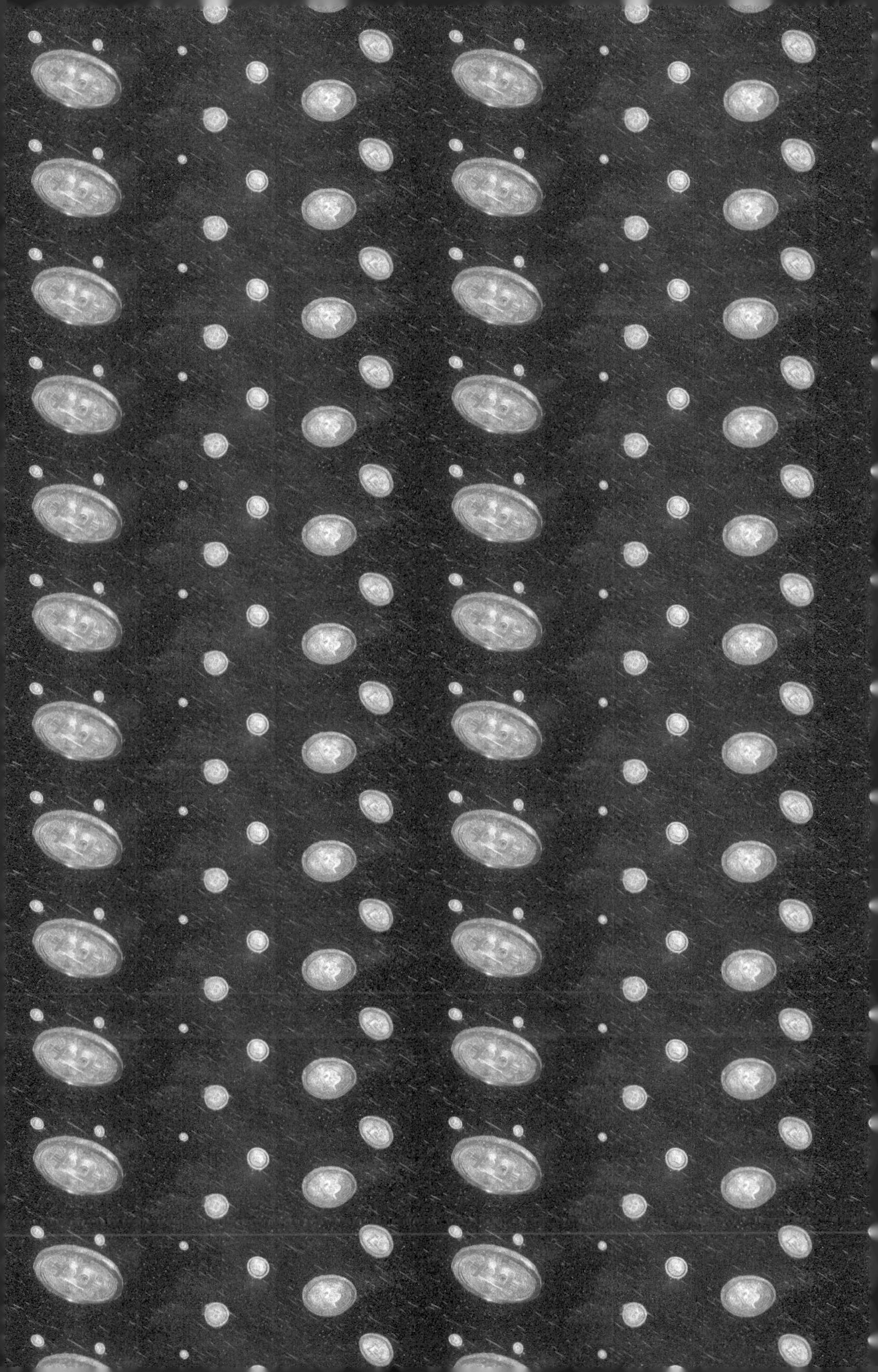

Impressum

Saage Media GmbH
c/o SpinLab – The HHL Accelerator
Spinnereistraße 7
04179 Leipzig, Germany
E-Mail: contact@SaageMedia.com
Web: www.SaageMedia.com
Commercial Register: Local Court Leipzig, HRB 42755 (Handelsregister: Amtsgericht Leipzig, HRB 42755)
Managing Director: Rico Saage (Geschäftsführer)
VAT ID Number: DE369527893 (USt-IdNr.)

Publisher: Saage Media GmbH
Veröffentlichung: 02.2025
Umschlagsgestaltung: Saage Media GmbH
ISBN-Softcover (de): 978-3-384-53389-0
ISBN-Ebook (de): 978-3-384-53390-6

Rechtliches / Hinweise

Die in diesem Buch enthaltenen Quellenverweise und Zitate wurden sorgfältig recherchiert und sinngemäß wiedergegeben. Die Interpretation und Darstellung der zitierten Inhalte spiegelt die Auffassung des Autors wider und muss nicht zwangsläufig mit der Intention oder Meinung der ursprünglichen Autoren übereinstimmen. Bei sinngemäßen Zitaten wurden die Kernaussagen der Originalquellen nach bestem Wissen und Gewissen in den Kontext dieses Werkes eingebettet, können jedoch durch die Übertragung und Vereinfachung von den ursprünglichen Formulierungen und Bedeutungsnuancen abweichen. Alle verwendeten Quellen sind im Literaturverzeichnis vollständig aufgeführt und können dort im Original nachgelesen werden. Die Verantwortung für die Interpretation und kontextuelle Einbettung der zitierten Inhalte liegt beim Autor dieses Buches. Bei wissenschaftlichen Fragestellungen und Detailinformationen wird empfohlen, die Originalquellen zu konsultieren. Der Autor hat sich bemüht, komplexe wissenschaftliche Sachverhalte allgemeinverständlich darzustellen. Dabei können Vereinfachungen und Verallgemeinerungen nicht ausgeschlossen werden. Für die fachliche Richtigkeit und Vollständigkeit der vereinfachten Darstellungen kann keine Gewähr übernommen werden. Die sinngemäße Wiedergabe von Zitaten und wissenschaftlichen Erkenntnissen erfolgt gewissenhaft unter Beachtung des Zitatrechts gemäß § 51 UrhG sowie aller relevanten urheberrechtlichen Bestimmungen anderer Länder. Bei der Vereinfachung, Übertragung und gegebenenfalls Übersetzung wissenschaftlicher Inhalte in eine allgemeinverständliche Sprache können Bedeutungsnuancen und fachliche Details verloren gehen. Der Autor erhebt keinen Anspruch auf die Rechte der zitierten Werke und respektiert sämtliche Urheberrechte der Originalautoren. Sollte eine unerlaubte Nutzung festgestellt werden, bittet der Autor um Mitteilung, um entsprechende Maßnahmen zu ergreifen. Für akademische Zwecke und bei der Verwendung als wissenschaftliche Referenz wird ausdrücklich empfohlen, auf die Originalquellen zurückzugreifen. Die vereinfachte Darstellung dient ausschließlich der populärwissenschaftlichen Information.

Bendis Saage

Kryptowährungen & Bitcoin: Der Komplette Guide für Crypto Trading und Mining

Blockchain-Technologie, Ethereum und digitale Währungen einfach erklärt - Von den Grundlagen bis zum erfolgreichen Investment

37 Quellen
41 Diagramme
23 Bilder
7 Illustrationen

Liebe Leserinnen, liebe Leser,

von Herzen danken wir Ihnen, dass Sie sich für dieses Buch entschieden haben. Mit Ihrer Wahl haben Sie uns nicht nur Ihr Vertrauen geschenkt, sondern auch einen Teil Ihrer wertvollen Zeit. Das wissen wir sehr zu schätzen.

Dieser Ratgeber bietet Ihnen verständlich aufbereitete und praxisnahe Informationen zu einem komplexen Thema. Dank selbst entwickelter digitaler Tools, die auch neuronale Netze nutzen, konnten wir umfangreiche Recherchen durchführen. Die Inhalte wurden optimal strukturiert und bis zur finalen Fassung ausgestaltet, um Ihnen einen fundierten und leicht zugänglichen Überblick zu ermöglichen. Das Ergebnis: Sie erhalten einen umfassenden Einblick und profitieren von klaren Erklärungen und anschaulichen Beispielen. Auch die visuelle Gestaltung wurde durch diese fortschrittliche Methode optimiert, damit Sie die Informationen schnell erfassen und nutzen können.

Wir bemühen uns um höchste Genauigkeit, sind aber für jeden Hinweis auf mögliche Fehler dankbar. Besuchen Sie unsere Website, um die aktuellsten Korrekturen und Ergänzungen zu diesem Buch zu finden. Diese werden auch in zukünftigen Auflagen berücksichtigt.

Wir hoffen, Sie haben viel Freude beim Lesen und entdecken Neues! Sollten Sie Anregungen, Kritik oder Fragen haben, freuen wir uns über Ihre Rückmeldung. Nur durch den aktiven Austausch mit Ihnen, den Lesern, können zukünftige Auflagen und Werke noch besser werden. Bleiben Sie neugierig!

Bendis Saage

Saage Media GmbH - Team

- www.SaageBooks.com/de
- support@saagemedia.com
- Spinnereistraße 7 - c/o SpinLab – The HHL Accelerator, 04179 Leipzig, Germany

Schnell zum Wissen

Für ein optimales Leseerlebnis möchten wir Sie mit den wichtigsten Merkmalen dieses Buches vertraut machen:

- **Modularer Aufbau:** Jedes Kapitel ist in sich abgeschlossen und kann unabhängig von den anderen gelesen werden.
- **Fundierte Recherche:** Alle Kapitel basieren auf gründlicher Recherche und sind mit wissenschaftlichen Quellenangaben belegt. Die in den Diagrammen dargestellten Daten dienen der besseren Visualisierung und beruhen auf Annahmen, nicht auf den in den Quellen angegebenen Daten. Eine umfassende Liste der Quellen und Bildnachweise befindet sich im Anhang.
- **Verständliche Terminologie:** Unterstrichene Fachbegriffe werden im Glossar erläutert.
- **Kapitelzusammenfassungen:** Am Ende jedes Kapitels finden Sie prägnante Zusammenfassungen, die Ihnen einen Überblick über die wichtigsten Punkte geben.
- **Konkrete Handlungsempfehlungen:** Jedes Subkapitel schließt mit einer Liste konkreter Ratschläge ab, die Ihnen helfen sollen, das Gelernte in die Praxis umzusetzen.

Zusätzliche Bonus-Materialien auf unserer Website

Auf unserer Website planen wir Ihnen folgende exklusive Materialien zur Verfügung zu stellen:

- Bonusinhalte und zusätzliche Kapitel
- Eine kompakte Gesamtzusammenfassung
- Eine Hörspiel Version. (In Planung)

Die Website befindet sich derzeit noch im Aufbau.

www.SaageBooks.com/de/kryptowaehrungen-bonus-ECAT39

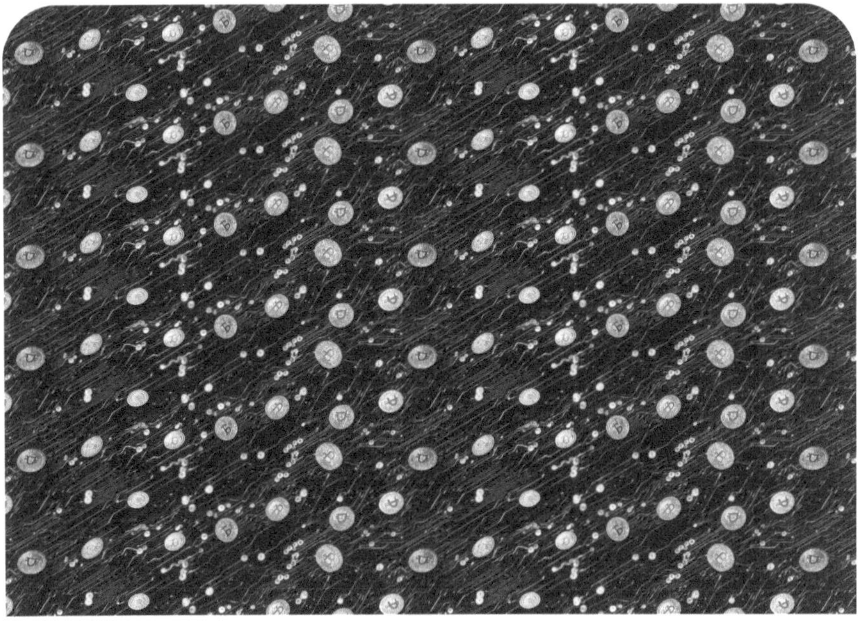

Inhaltsverzeichnis

- Bild-Quellen

1. Grundlagen der Kryptowährungen

Haben Sie sich jemals gefragt, wie ein digitales Zahlungssystem ohne zentrale Kontrolle funktionieren kann? Die Revolution der digitalen Währungen basiert auf bahnbrechenden technologischen Innovationen, die unsere Vorstellung von Geld grundlegend verändern. Von der Blockchain-Technologie bis zu komplexen Verschlüsselungsmethoden entstehen neue Möglichkeiten für sichere und transparente Transaktionen. Die Mechanismen hinter diesem System erscheinen zunächst komplex, lassen sich jedoch auf grundlegende Prinzipien zurückführen. In diesem Kapitel entschlüsseln wir Schritt für Schritt die fundamentalen Konzepte, die Kryptowährungen zu einer der spannendsten Entwicklungen des digitalen Zeitalters machen.

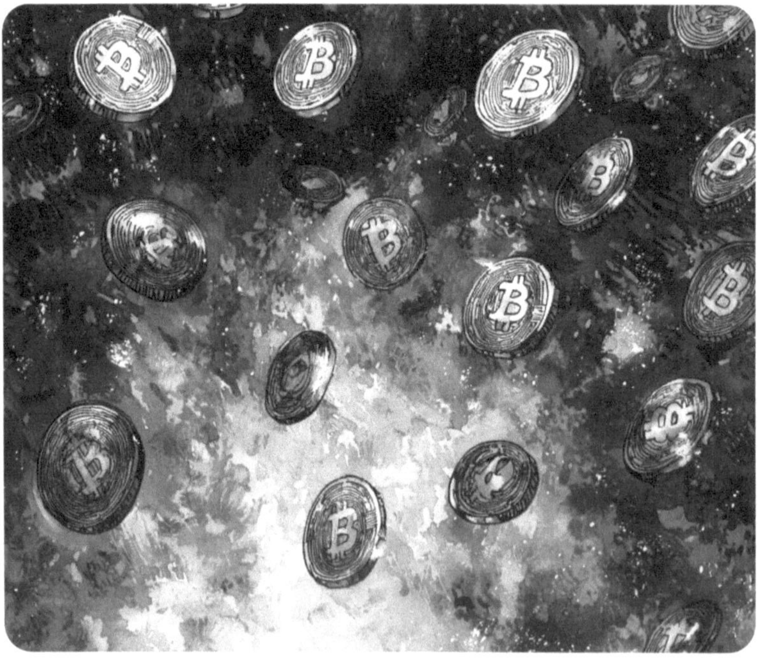

1. 1 Technische Funktionsweise

Kryptowährungen basieren auf komplexen technischen Mechanismen, die für Sicherheit, Transparenz und Dezentralität sorgen. Dieses Kapitel beleuchtet die grundlegende Funktionsweise der Blockchain, dezentraler Netzwerke und digitaler Wallets. Dabei werden die Herausforderungen und der praktische Nutzen dieser Technologien für den sicheren Umgang mit Kryptowährungen deutlich. Verstehen Sie die technischen Grundlagen und legen Sie den Grundstein für erfolgreiches Crypto-Trading und Mining.

Der private Schlüssel eines Wallets ist wie das Passwort zu Ihrem Krypto-Vermögen und muss unbedingt geheim gehalten werden. Der Verlust des privaten Schlüssels bedeutet den unwiderruflichen Verlust des zugehörigen Vermögens.

Blockchain als Fundament

Die Blockchain bildet das Rückgrat von Kryptowährungen wie Bitcoin. Sie dient als dezentrales und öffentliches Register, das alle Transaktionen chronologisch und unveränderlich speichert. Jeder neue Block in der Kette enthält einen Hash des vorherigen Blocks, wodurch eine lückenlose Historie entsteht. Diese Verkettung gewährleistet die Integrität des Systems, da eine nachträgliche Änderung eines Blocks alle nachfolgenden Hashes verändern würde, was sofort erkennbar wäre. Die Dezentralität bedeutet, dass die Blockchain nicht von einer einzigen Institution, wie z.B. einer Bank, kontrolliert wird, sondern auf vielen Computern im Netzwerk verteilt ist. Dies erhöht die Sicherheit und Widerstandsfähigkeit gegen Angriffe oder Manipulationen. Ein weiterer wichtiger Aspekt ist die Transparenz. Alle Transaktionen sind öffentlich einsehbar, jedoch ohne die Offenlegung der Identität der beteiligten Personen. Stattdessen werden kryptografische Schlüssel verwendet, die wie digitale Signaturen funktionieren und die Authentizität der Transaktionen bestätigen.

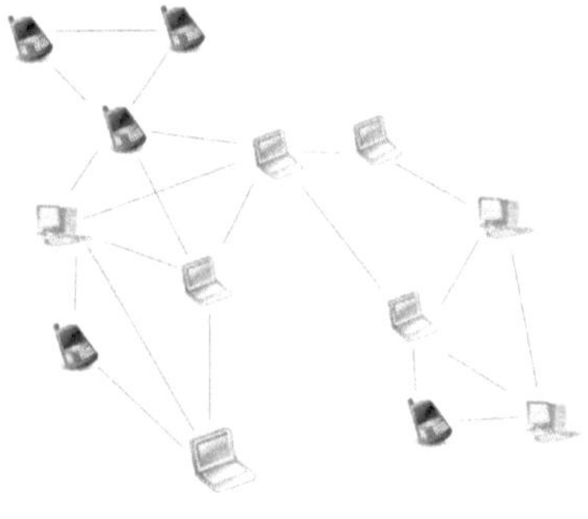

Peer-to-Peer-Transaktionen [i1]

Diese Kombination aus Dezentralität, Unveränderlichkeit und Transparenz macht die Blockchain zu einer innovativen Technologie mit vielfältigen Anwendungsmöglichkeiten. Sie bietet ein hohes Maß an Sicherheit und Vertrauen, ohne dass eine zentrale Kontrollinstanz erforderlich ist. Die Blockchain-Technologie ermöglicht Peer-to-Peer-Transaktionen, d.h. Zahlungen können direkt zwischen zwei Parteien abgewickelt werden, ohne Intermediäre wie Banken. Dies kann Transaktionskosten senken und die Geschwindigkeit von Überweisungen erhöhen.

Um die Funktionsweise genauer zu verstehen, betrachten wir den Prozess der Transaktionsbestätigung. Wenn eine Transaktion initiiert wird, wird sie zunächst im Netzwerk verbreitet. Miner, spezielle Computer im Netzwerk, sammeln diese Transaktionen und gruppieren sie zu Blöcken. Um einen Block zur Blockchain hinzuzufügen, müssen die Miner komplexe mathematische Rätsel lösen, ein Prozess der als "Mining" bezeichnet wird. Der erste Miner, der das Rätsel löst, fügt den Block zur Blockchain hinzu und erhält dafür eine Belohnung in Form von Kryptowährung. Dieser Mechanismus, bekannt als "Proof-of-Work", sichert das Netzwerk und verhindert betrügerische Aktivitäten. Die Sicherheit der Blockchain wird durch kryptografische Verfahren gewährleistet. Jeder Block enthält einen Hash, eine eindeutige alphanumerische Zeichenkette, die den Inhalt des Blocks repräsentiert. Ändert sich auch nur ein Zeichen im Block, ändert sich auch der Hash. Durch die Verkettung der Blöcke über Hashes wird die Integrität der gesamten Blockchain sichergestellt. Jeder Versuch, eine Transaktion zu manipulieren, würde die Hashes aller nachfolgenden Blöcke verändern und wäre sofort erkennbar. Die Blockchain-Technologie bietet auch die Möglichkeit, Smart Contracts zu implementieren. Smart Contracts sind selbst-ausführende Verträge, deren Bedingungen direkt im Code festgelegt sind. Sobald die vordefinierten Bedingungen erfüllt sind, wird der Vertrag automatisch ausgeführt. Dies ermöglicht die Automatisierung von komplexen Prozessen und reduziert das Risiko von Betrug oder menschlichem Versagen. Z.B. könnten Smart Contracts in der Lieferkettenlogistik eingesetzt werden, um die automatische Auszahlung von Zahlungen auszulösen, sobald eine Ware geliefert wurde. Die Verwendung einer Blockchain kann auch die Rückverfolgbarkeit von Produkten verbessern. Jeder Schritt in der Lieferkette kann in der Blockchain dokumentiert werden, von der Herstellung bis zum Verkauf. Dies ermöglicht eine transparente und manipulationssichere Nachverfolgung von Produkten, was besonders für sensible Güter wie Lebensmittel oder Medikamente relevant ist. Kunden könnten z.B. durch das Scannen eines QR-Codes die gesamte Historie eines Produkts einsehen, vom Ursprung bis zum aktuellen Standort. Die Blockchain-Technologie ist zwar komplex, aber das Verständnis ihrer Grundprinzipien ist unerlässlich, um die Funktionsweise von Kryptowährungen und deren Potenzial zu begreifen. Die Dezentralität, Unveränderlichkeit und Transparenz der Blockchain bieten neue Möglichkeiten für sichere und effiziente Transaktionen und Prozesse. Die kontinuierliche Entwicklung und Anwendung dieser Technologie in verschiedenen Bereichen verspricht transformative Veränderungen in der Zukunft. Achten Sie bei der Auswahl einer Kryptowährung oder einer Blockchain-basierten Anwendung auf die zugrundeliegende Technologie und die damit verbundenen Sicherheitsaspekte. Informieren Sie sich über die Reputation der Entwickler und die Community, die das Projekt unterstützt.

Mining [i2]

Gut zu wissen

Kryptografische Schlüssel

Kryptografische Schlüssel sind wie digitale Passwörter, die zum Verschlüsseln und Entschlüsseln von Informationen verwendet werden. In Kryptowährungen werden sie verwendet, um Transaktionen zu autorisieren und die Eigentumsverhältnisse zu beweisen. Es gibt zwei Arten von Schlüsseln: den privaten Schlüssel, der geheim gehalten werden muss und den öffentlichen Schlüssel, der geteilt werden kann.

Peer-to-Peer-Transaktionen

Peer-to-Peer-Transaktionen ermöglichen den direkten Austausch von Werten zwischen zwei Parteien ohne Zwischenhändler wie Banken. Dies führt zu schnelleren Transaktionen und niedrigeren Gebühren. Die Blockchain ermöglicht diese Transaktionen durch die dezentrale Natur des Netzwerks.

Smart Contracts

Smart Contracts sind selbst-ausführende Verträge, die auf der Blockchain gespeichert sind. Die Vertragsbedingungen werden in Code geschrieben und automatisch ausgeführt, sobald bestimmte Bedingungen erfüllt sind. Dies ermöglicht sichere und transparente automatisierte Vereinbarungen ohne Zwischenhändler.

Transaktionsbestätigungszeit vs. Blockzeit

Veranschaulicht die Beziehung zwischen Transaktionsbestätigungszeit und Blockzeit.

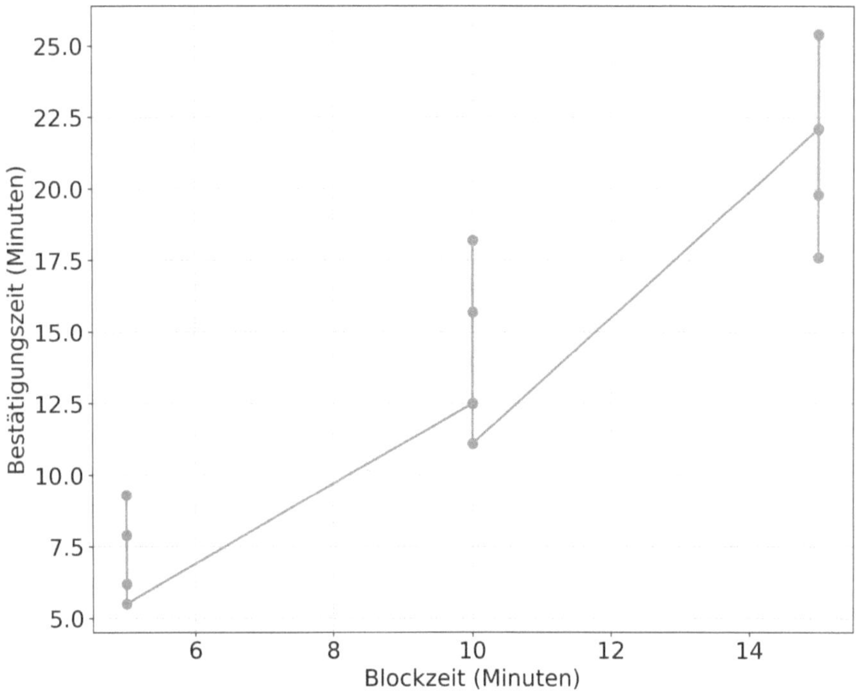

Dieses Diagramm zeigt, wie die Transaktionsbestätigungszeiten von der Blockzeit beeinflusst werden. Kürzere Blockzeiten führen im Allgemeinen zu schnelleren Bestätigungen, da Transaktionen häufiger in Blöcke aufgenommen werden. Allerdings können auch andere Faktoren wie Netzwerküberlastung und Transaktionsgebühren eine Rolle spielen. Die schwankende Natur der Bestätigungszeit, selbst bei einer konstanten Blockzeit, unterstreicht die dynamische Natur des Blockchain-Netzwerks.

Dezentrale Netzwerke

Dezentrale Netzwerke bilden das Herzstück von Kryptowährungen und unterscheiden sich grundlegend von traditionellen, zentralisierten Systemen. Anstatt einer zentralen Instanz, wie einer Bank, die Transaktionen kontrolliert und validiert, verteilt sich die Kontrolle im dezentralen Netzwerk auf viele Teilnehmer, die sogenannten Nodes. Diese Nodes sind Computer, die über das Internet miteinander verbunden sind und gemeinsam das Netzwerk betreiben. Jeder Node speichert eine vollständige Kopie der Blockchain und trägt zur Sicherheit und Integrität des Systems bei. Diese verteilte Architektur bietet einige Vorteile. Sie erhöht die Ausfallsicherheit, da das Netzwerk auch dann funktionsfähig bleibt, wenn einzelne Nodes ausfallen. Ein Ausfall eines einzelnen Servers, wie bei einer Bank, kann hingegen den gesamten Service lahmlegen. Dezentrale Netzwerke sind zudem resistenter gegen Zensur und Manipulation, da keine einzelne Partei die Kontrolle über das Netzwerk hat. Eine Regierung oder Institution kann nicht einfach Transaktionen blockieren oder Daten verändern. Ein dezentrales Netzwerk ist zu vergleichen mit einem großen, globalen Buchhaltungssystem, das von vielen unabhängigen Prüfern geführt wird. Jeder Prüfer hat Zugriff auf alle Einträge und kann die Richtigkeit der Buchungen überprüfen. Dies erhöht die Transparenz und das Vertrauen in das System. Ein weiterer Aspekt dezentraler Netzwerke ist die Art der Kommunikation zwischen den Nodes. Sie kommunizieren direkt miteinander, ohne einen zentralen Vermittler. Dieses Peer-to-Peer-Prinzip ermöglicht schnelle und effiziente Transaktionen, da keine zentrale Instanz die Kommunikation verlangsamt oder zusätzliche Gebühren erhebt. Die Transaktionen werden direkt zwischen den beteiligten Parteien abgewickelt. Sie können sich das wie einen direkten Nachrichtenaustausch zwischen zwei Personen vorstellen, ohne dass ein Postbote die Nachricht übermitteln muss. Die Dezentralisierung bringt aber auch technische Herausforderungen mit sich. Die Koordination zwischen den vielen unabhängigen Nodes ist komplex und erfordert spezielle Protokolle und Algorithmen. Ein wichtiger Aspekt ist der Konsensmechanismus, der sicherstellt, dass alle Nodes auf dem gleichen Stand sind und die gleichen Transaktionen validieren. Der Proof-of-Work-Mechanismus, der bei Bitcoin verwendet wird, ist ein Beispiel für einen solchen Konsensmechanismus. Er erfordert, dass die Miner komplexe Rechenaufgaben lösen, um neue Blöcke zur Blockchain hinzuzufügen. Dieser Prozess sichert das Netzwerk und verhindert Manipulationen. Bei der Auswahl einer Kryptowährung ist es ratsam, sich über den verwendeten Konsensmechanismus zu informieren, da dieser die Sicherheit und Effizienz des Netzwerks beeinflusst. Achten Sie beispielsweise auf Informationen zum Energieverbrauch, der Skalierbarkeit und der Sicherheit des gewählten Konsensmechanismus. Die Architektur eines dezentralen Netzwerks beeinflusst auch die Geschwindigkeit und die Kosten von Transaktionen. Da jeder Node jede Transaktion verarbeiten muss, kann die Transaktionsgeschwindigkeit bei hoher Netzwerklast sinken. Die Gebühren, die für eine Transaktion anfallen, hängen von verschiedenen Faktoren ab, wie der Netzwerklast und der Komplexität der Transaktion. Informieren Sie sich vor der Nutzung einer Kryptowährung über die durchschnittlichen Transaktionszeiten und -kosten, um unliebsame Überraschungen zu vermeiden. Vergleichen Sie die angebotenen Werte verschiedener Kryptowährungen, um die für Ihre Bedürfnisse passende Option zu finden. Die Dezentralisierung spielt eine entscheidende Rolle für die Sicherheit und Unabhängigkeit von Kryptowährungen. Sie ermöglicht ein transparentes, zensurresistentes und ausfallsicheres Finanzsystem, das von keiner einzelnen Instanz kontrolliert wird. Das Verständnis der Funktionsweise dezentraler Netzwerke ist unerlässlich, um die Vorteile und Herausforderungen von Kryptowährungen zu begreifen und fundierte Entscheidungen bei der Auswahl und Nutzung zu treffen. Informieren Sie sich gründlich über die verschiedenen Aspekte der

Dezentralisierung, um die Chancen und Risiken dieser Technologie optimal einzuschätzen.

Gut zu wissen

Konsensmechanismus

Ein Konsensmechanismus ist ein Verfahren, mit dem sich die Nodes in einem dezentralen Netzwerk auf den aktuellen Zustand der Blockchain einigen. Er stellt sicher, dass alle Nodes die gleichen Transaktionen validieren und zur Blockchain hinzufügen.

Peer-to-Peer

Peer-to-Peer (P2P) bezeichnet ein Netzwerk, in dem alle Teilnehmer gleichberechtigt sind und direkt miteinander kommunizieren, ohne einen zentralen Server. Im Kontext von Kryptowährungen ermöglicht P2P direkte Transaktionen zwischen Nutzern, ohne Zwischenhändler.

Proof-of-Work

Proof-of-Work (PoW) ist ein Konsensmechanismus, bei dem Miner komplexe Rechenaufgaben lösen müssen, um neue Blöcke zur Blockchain hinzuzufügen und Transaktionen zu validieren. Dieser Prozess sichert das Netzwerk und verhindert Manipulationen, benötigt aber viel Energie.

Skalierbarkeit

Skalierbarkeit bezieht sich auf die Fähigkeit eines Netzwerks, mit steigendem Transaktionsvolumen umzugehen, ohne dass die Geschwindigkeit und die Kosten der Transaktionen negativ beeinflusst werden.

Verteilung der dezentralen Netzwerkknoten

Knotenverteilung nach Verbindungsanzahl und Transaktionsvolumen.

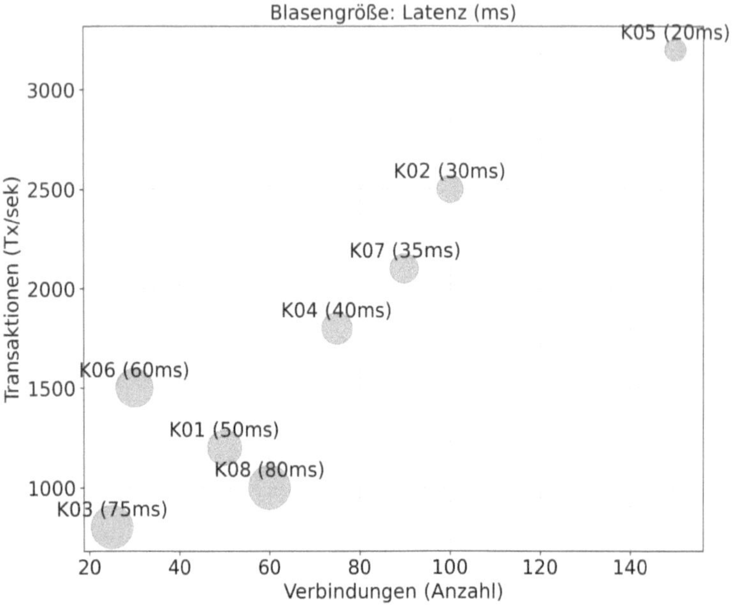

Blasengröße: Latenz (ms)

K01: Knoten 01	K02: Knoten 02
K03: Knoten 03	K04: Knoten 04
K05: Knoten 05	K06: Knoten 06
K07: Knoten 07	K08: Knoten 08

Das Diagramm zeigt eine Korrelation zwischen der Anzahl der Verbindungen eines Knotens und dem von ihm verarbeiteten Transaktionsvolumen. Knoten mit höheren Verbindungszahlen verarbeiten in der Regel deutlich mehr Transaktionen. Einige Knoten mit weniger Verbindungen bewältigen jedoch immer noch eine beträchtliche Transaktionslast, was auf eine strategische Positionierung oder spezialisierte Rollen innerhalb des Netzwerks hindeutet. Diese ungleichmäßige Verteilung unterstreicht die dynamische Natur dezentraler Netzwerke und die unterschiedlichen Beiträge einzelner Knoten.

Digitale Wallets

Digitale Brieftaschen, oft als Wallets bezeichnet, sind unverzichtbar für die Verwaltung von Kryptowährungen. Sie ermöglichen den Zugriff auf Ihre digitalen Vermögenswerte und die Durchführung von Transaktionen. Es gibt verschiedene Arten von Wallets, die sich in ihren Sicherheitsmerkmalen und ihrer Benutzerfreundlichkeit unterscheiden. Software-Wallets sind Programme, die auf Computern oder Smartphones installiert werden. Hardware-Wallets speichern die kryptografischen Schlüssel offline auf einem separaten Gerät, was die Sicherheit erhöht, da sie nicht ständig mit dem Internet verbunden sind. Web-Wallets sind online zugänglich und bieten bequeme Nutzung, bergen aber ein höheres Risiko im Vergleich zu Offline-Lösungen. Paper-Wallets speichern die Schlüssel auf einem Papierausdruck, der sicher aufbewahrt werden muss. Ein Wallet enthält zwei wichtige Informationen: den öffentlichen und den privaten Schlüssel. Der öffentliche Schlüssel dient als Ihre Adresse im Netzwerk, vergleichbar mit einer Kontonummer. Sie können ihn bedenkenlos teilen, um Kryptowährungen zu empfangen. Der private Schlüssel hingegen ist wie ein Passwort und berechtigt Sie zum Zugriff und zur Verwendung Ihrer Kryptowährungen. Er muss unbedingt geheim gehalten werden. Die Kenntnis des privaten Schlüssels entspricht dem Besitz der entsprechenden Kryptowährung. Verlieren Sie ihn, verlieren Sie den Zugriff auf Ihr Vermögen. Daher ist die sichere Aufbewahrung des privaten Schlüssels von entscheidender Bedeutung. Ein gängiges Verfahren ist die Verwendung einer Seed Phrase, einer Reihe von Wörtern, die den privaten Schlüssel generieren. Diese Phrase sollte an einem sicheren Ort, offline und idealerweise mehrfach, aufbewahrt werden. Ein sicherer Ort könnte ein Bankschließfach oder ein speziell dafür vorgesehener Tresor sein. Die Funktionsweise eines Wallets basiert auf kryptografischen Verfahren, die die Sicherheit Ihrer digitalen Vermögenswerte gewährleisten. Wenn Sie eine Transaktion durchführen möchten, verwendet Ihr Wallet Ihren privaten Schlüssel, um die Transaktion digital zu signieren. Diese Signatur beweist, dass

Sie der rechtmäßige Eigentümer der Kryptowährung sind. Die Transaktion wird dann an das Netzwerk gesendet und von den Minern verifiziert, bevor sie in die Blockchain aufgenommen wird.

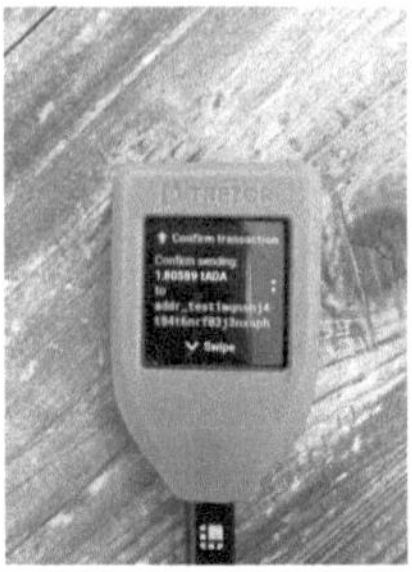

Hardware-Wallets [i3]

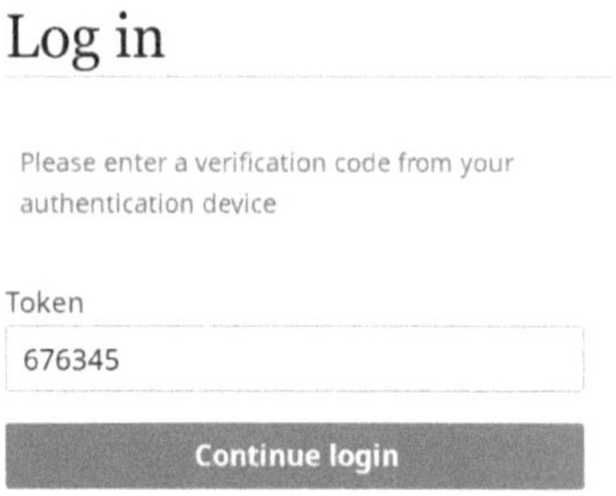

Zwei-Faktor-Authentifizierung [i4]

Bei der Wahl eines Wallets sollten Sie verschiedene Faktoren berücksichtigen. Die Sicherheitsstufe, die Benutzerfreundlichkeit und die Kompatibilität mit den von Ihnen verwendeten Kryptowährungen sind relevant. Für Anfänger eignen sich benutzerfreundliche Software- oder Web-Wallets. Für größere Beträge oder langfristige Investitionen sind Hardware-Wallets die sicherere Option. Informieren Sie sich über die Vor- und Nachteile der verschiedenen Wallet-Arten und wählen Sie diejenige, die Ihren Bedürfnissen und Ihrem Sicherheitsanspruch am besten entspricht. Achten Sie bei der Einrichtung eines Wallets auf die Seriosität des Anbieters. Verwenden Sie nur vertrauenswürdige Software und Plattformen, um das Risiko von Betrug oder Datenverlust zu minimieren. Prüfen Sie die Bewertungen und Erfahrungsberichte anderer Nutzer, bevor Sie sich für ein bestimmtes Wallet entscheiden. Die Sicherheit Ihrer digitalen Vermögenswerte hängt maßgeblich von der Wahl und der korrekten Verwendung Ihres Wallets ab. Eine umsichtige Auswahl und die Beachtung der Sicherheitsrichtlinien sind daher unerlässlich. Ein Beispiel dafür, wie man die Sicherheit erhöhen kann, ist die Aktivierung der Zwei-Faktor-Authentifizierung, die einen zusätzlichen Sicherheitscode für den Zugriff auf Ihr Wallet erfordert. Dieser Code wird in der Regel über eine separate App auf Ihrem Smartphone generiert. So wird der Zugriff auf Ihr Wallet erschwert, selbst wenn jemand Ihr Passwort kennt. Zusätzlich können Sie die Whitelisting-Funktion nutzen, die nur Transaktionen an vorab genehmigte Adressen zulässt.

Die Verwaltung mehrerer Wallets kann sinnvoll sein, um verschiedene Zwecke zu bedienen oder das Risiko zu streuen. Sie könnten ein Wallet für alltägliche Transaktionen und ein anderes für langfristige Anlagen verwenden. - Für regelmäßige Transaktionen bietet sich ein Online-Wallet an, während für langfristige Anlagen ein Hardware-Wallet empfehlenswert ist.

- Für besonders hohe Sicherheitsanforderungen können Sie ein Multi-Signatur-Wallet verwenden, das die Zustimmung mehrerer Parteien für eine Transaktion erfordert.
- Beachten Sie, dass jedes Wallet eine eigene Sicherungskopie (Backup) benötigt. Bewahren Sie diese Backups an verschiedenen sicheren Orten auf.

Durch die Kombination verschiedener Wallet-Typen und Sicherheitsmaßnahmen können Sie Ihre Kryptowährungen effektiv verwalten und schützen. Informieren Sie sich stetig über neue Entwicklungen und Sicherheitslücken, um Ihre digitalen Vermögenswerte optimal zu sichern.

Software-Wallet

Programme, die auf einem Computer oder Smartphone installiert werden und die Schlüssel des Nutzers speichern. Sie bieten im Vergleich zu Hardware-Wallets ein geringeres Sicherheitsniveau.

Digitale Signatur

Ein kryptografischer Beweis, der bestätigt, dass eine Transaktion vom Eigentümer des privaten Schlüssels autorisiert wurde.

Hardware-Wallet

Physische Geräte, die offline die privaten Schlüssel speichern und Transaktionen signieren. Sie gelten als die sicherste Methode zur Aufbewahrung von Kryptowährungen.

Kryptografische Verfahren

Mathematische Methoden, die die Sicherheit und Integrität von Kryptowährungstransaktionen gewährleisten.

Multi-Signatur-Wallet

Ein Wallet, das die Zustimmung mehrerer Parteien erfordert, um eine Transaktion zu autorisieren.

Zwei-Faktor-Authentifizierung

Eine Sicherheitsmaßnahme, die einen zweiten Faktor (z. B. einen Code von einer App) zusätzlich zum Passwort erfordert, um den Zugriff auf ein Konto zu bestätigen.

Sicherheitsstufen digitaler Geldbörsen

Sicherheitsvergleich verschiedener digitaler Geldbörsen.

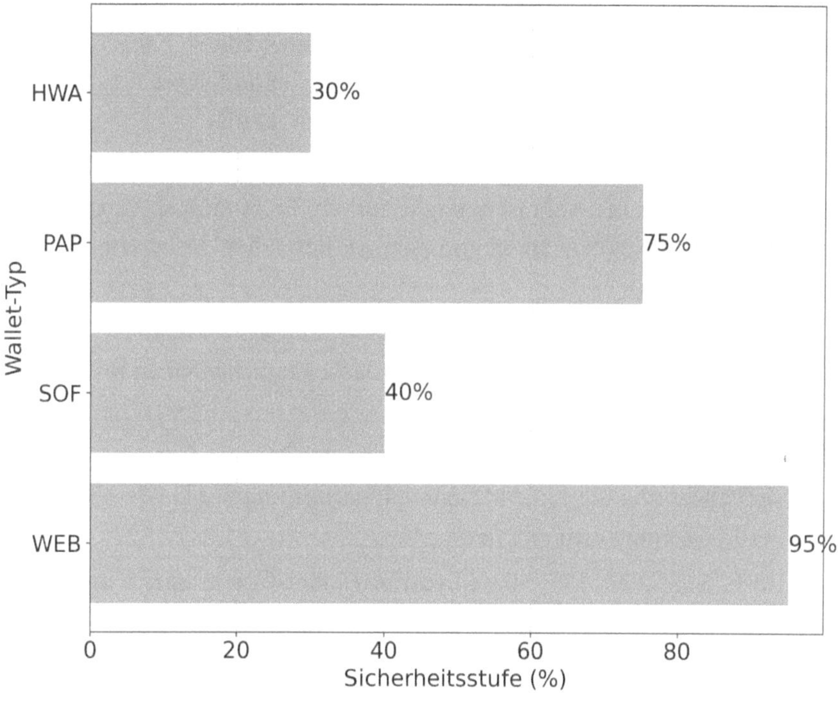

HWA: Hardware-Wallet

PAP: Papier-Wallet

SOF: Software-Wallet

WEB: Web-Wallet

Hardware-Wallets bieten die höchste Sicherheit, gefolgt von Software-Wallets. Papier- und Web-Wallets sind vergleichsweise weniger sicher, was die Bedeutung der Wahl der richtigen Wallet basierend auf den individuellen Sicherheitsbedürfnissen unterstreicht.

Konkrete Ratschläge

- Verfolgen Sie die Entwicklung neuer Konsensmechanismen jenseits von Proof-of-Work, um deren Potenzial für schnellere und energieeffizientere Transaktionen zu bewerten.
- Simulieren Sie den Ablauf einer Transaktion auf einem Testnetzwerk, um die einzelnen Schritte von der Erstellung bis zur Bestätigung praxisnah nachzuvollziehen.
- Vergleichen Sie die Architektur verschiedener Blockchains, beispielsweise Bitcoin und Ethereum, hinsichtlich ihrer Skalierbarkeit und Transaktionsgeschwindigkeit.
- Entwickeln Sie ein kleines Programm, das die Funktionsweise von Hash-Funktionen veranschaulicht, indem Sie minimale Änderungen an einem Text vornehmen und die resultierenden Hashwerte beobachten.
- Analysieren Sie den Quellcode eines Open-Source-Wallets, um die kryptografischen Verfahren und Sicherheitsmechanismen im Detail zu verstehen.
- Recherchieren Sie die Funktionsweise von Merkle-Bäumen, um zu verstehen, wie diese die effiziente Überprüfung der Datenintegrität in der Blockchain ermöglichen.
- Besuchen Sie Online-Foren und Entwickler-Communitys, um sich über aktuelle Sicherheitslücken und Best Practices im Umgang mit privaten Schlüsseln zu informieren.
- Experimentieren Sie mit verschiedenen Wallet-Typen, um deren Vor- und Nachteile in der Praxis kennenzulernen und die für Ihre Bedürfnisse passende Lösung zu finden.

1. 2 Marktmechanismen

Kryptowährungspreise entstehen durch das komplexe Zusammenspiel von Angebot, Nachfrage, Psychologie und externen Faktoren. Die begrenzte Gesamtmenge von Bitcoin, beispielsweise, erzeugt eine natürliche Knappheit, während Nachrichten, soziale Medien und die allgemeine Marktstimmung die Nachfrage beeinflussen. Zusätzliche Faktoren wie institutionelle Investitionen, Handelsvolumen und die Verflechtung mit traditionellen Finanzmärkten tragen zur Preisdynamik bei. Marktkapitalisierung, berechnet aus dem Produkt von Preis und zirkulierender Menge, dient als Indikator für die Größe und Bedeutung einer Kryptowährung. Sie gibt Aufschluss über die Etabliertheit und potenzielle Stabilität, wobei hohe Marktkapitalisierung oft mit geringerer Volatilität einhergeht. Verstehen Sie diese Marktmechanismen, um fundierte Investitionsentscheidungen zu treffen und die Chancen und Risiken des Kryptowährungsmarktes optimal zu nutzen.

Der Kryptomarkt wird nicht nur von Angebot und Nachfrage, sondern auch von Psychologie, Nachrichten, Marktstimmung, technischen Indikatoren, makroökonomischen Entwicklungen und spekulativen Aktivitäten beeinflusst.

Angebot und Nachfrage

Der Preis einer Kryptowährung ergibt sich aus dem Zusammenspiel von Angebot und Nachfrage. Das Angebot ist bei Bitcoin durch die maximale Menge von 21 Millionen Einheiten begrenzt [s1]. Diese Obergrenze kann nicht überschritten werden, unabhängig von der Nachfrage. Die Nachfrage wird durch verschiedene Faktoren beeinflusst, darunter institutionelle Investitionen, Markttrends und die allgemeine Wirtschaftslage [s1]. Institutionelle Investoren, die Bitcoin in ihren Portfolios halten, verringern die verfügbare Menge und beeinflussen damit den Preis [s1]. Ein reduziertes Angebot, etwa durch langfristige Haltestrategien, kann zu einem Preisanstieg führen, da die Nachfrage auf ein begrenztes Angebot trifft [s1]. Ein Beispiel hierfür ist die bewusste Verknappung des Angebots durch große Investoren, die ihre Bestände langfristig halten und so den Preis beeinflussen können. Neben der grundsätzlichen Knappheit spielen auch psychologische Faktoren und externe Nachrichten eine Rolle bei der Preisbildung [s2]. Negative Nachrichten haben tendenziell einen stärkeren Einfluss auf die Preisvolatilität als positive. Kurzfristig können spekulative Aktivitäten und Marktmanipulationen zu Preisblasen führen [s2]. Während ein positiver Zusammenhang zwischen Preis und Handelsvolumen besteht, ist das Handelsvolumen in extremen Marktphasen kein verlässlicher Indikator für zukünftige Preisentwicklungen [s2]. Die Dynamik der Kryptowährungspreise resultiert aus dem Zusammenspiel fundamentaler und spekulativer Faktoren [s3]. On-Chain-Aktivitäten und wirtschaftliche Faktoren beeinflussen die fundamentalen Komponenten, während die Aufmerksamkeit der Investoren und Off-Chain-Aktivitäten die spekulativen Komponenten bestimmen [s3]. Kryptowährungsmärkte sind nicht isoliert von traditionellen Finanzmärkten. Die Preisbildung wird von beiden Seiten durch die Entwicklungen am Aktienmarkt beeinflusst [s3]. Die zunehmende institutionelle Adoption von

Kryptowährungen und deren Integration in traditionelle Portfolios unterstreichen diese Verflechtung.

Gut zu wissen

Angebot und Nachfrage

Das Prinzip von Angebot und Nachfrage bestimmt den Preis von Kryptowährungen wie Bitcoin. Ein hohes Angebot bei geringer Nachfrage senkt den Preis, während eine hohe Nachfrage bei geringem Angebot den Preis erhöht.

Institutionelle Adoption

Die institutionelle Adoption beschreibt die zunehmende Akzeptanz und Integration von Kryptowährungen durch institutionelle Investoren, wie z.B. Banken, Fonds und Vermögensverwalter, in ihre Portfolios und Geschäftsmodelle.

Institutionelle Investoren

Institutionelle Investoren wie Fonds oder Vermögensverwalter können durch große Investitionen in Kryptowährungen den Markt beeinflussen. Ihre Käufe und Verkäufe können erhebliche Auswirkungen auf Angebot und Nachfrage und somit auf den Preis haben.

Spekulative Aktivitäten

Spekulative Aktivitäten im Kryptomarkt beziehen sich auf den Kauf und Verkauf von Kryptowährungen mit dem Ziel, von kurzfristigen Preisschwankungen zu profitieren, ohne den zugrundeliegenden Wert der Anlage zu berücksichtigen.

Beispiel für Bitcoin-Preisschwankungen

Veranschaulichung der Bitcoin-Preisschwankungen im Zeitverlauf.

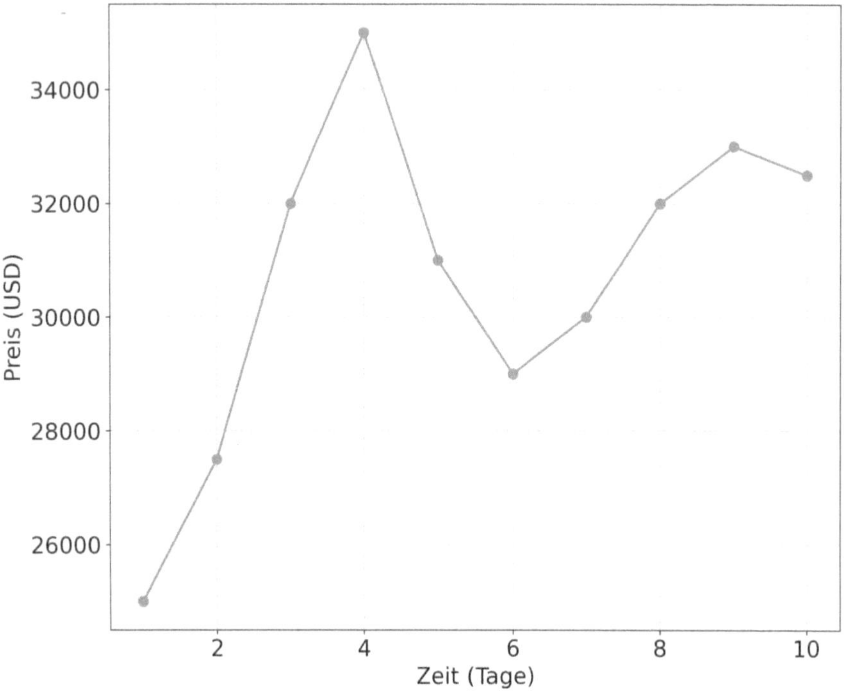

Dieses Diagramm zeigt einen hypothetischen Bitcoin-Preisentwicklung und veranschaulicht die häufig beobachtete Volatilität. Der anfängliche Anstieg deutet auf eine starke Nachfrage hin, gefolgt von einer Phase der Korrektur und Stabilisierung. Obwohl dieses spezifische Muster fiktiv ist, spiegelt es die dynamische Natur der Kryptowährungsmärkte wider, die von verschiedenen Faktoren wie Nachrichten, Vorschriften und Marktstimmung beeinflusst werden. Die Vorhersage zukünftiger Preisbewegungen ausschließlich auf der Grundlage historischer Daten ist unzuverlässig, was den risikoreichen und ertragreichen Charakter von Kryptowährungsinvestitionen unterstreicht.

Preisbildung

Die Preisfindung bei Kryptowährungen wie Bitcoin gestaltet sich als komplexes Zusammenspiel verschiedener Einflüsse, die über die einfache Gegenüberstellung von Angebot und Nachfrage hinausgehen. Zwar determiniert die begrenzte Gesamtmenge an Bitcoin von 21 Millionen Einheiten eine natürliche Angebotsknappheit, doch die tatsächliche Verfügbarkeit am Markt wird durch das Verhalten der Marktteilnehmer moduliert. So können beispielsweise langfristige Haltestrategien großer Investoren, das sogenannte "Hodln", den verfügbaren Umlauf reduzieren und dadurch den Preis beeinflussen. Neben diesem Zusammenhang zwischen Angebot und Umlauf wirken weitere Faktoren auf die Preisbildung. Die Wahrnehmung des Vermögenswertes durch die Marktteilnehmer, beeinflusst durch Nachrichten, soziale Medien und allgemeine Marktstimmung, spielt eine entscheidende Rolle. Negative Berichterstattung kann zu Verunsicherung und verstärkten Verkaufsaktivitäten führen, während positive Meldungen das Investorenvertrauen stärken und die Nachfrage ankurbeln können. Ein umsichtiger Investor sollte daher verschiedene Informationsquellen kritisch prüfen, um eigenständige, fundierte Entscheidungen zu treffen, anstatt blind auf kurzfristige Marktschwankungen zu reagieren. Über die mediale Präsenz hinaus beeinflussen auch technische Indikatoren die Preisentwicklung. Das handelsvolumen, also die gehandelte Menge einer Kryptowährung innerhalb eines bestimmten Zeitraums, kann Hinweise auf die Marktaktivität geben. Ein hohes Handelsvolumen bei steigendem Preis deutet häufig auf einen starken Aufwärtstrend hin. Allerdings kann ein hohes Volumen bei fallendem Preis auch auf Panikverkäufe hindeuten. Daher ist es ratsam, das Handelsvolumen im Kontext anderer Marktsignale, wie z.B. der Entwicklung des Orderbuchs, zu interpretieren. Die Verflechtung der Kryptomärkte mit traditionellen Finanzmärkten stellt einen weiteren Einflussfaktor dar. Makroökonomische Entwicklungen, wie Zinsänderungen oder Inflation, können sich auf die Risikobereitschaft der Anleger auswirken und somit auch die Nachfrage nach Kryptowährungen beeinflussen. Zudem wirkt die zunehmende Integration von Kryptowährungen in institutionelle Portfolios verstärkend auf diese Wechselwirkung. Investoren sollten daher ihr Portfolio diversifizieren und die Entwicklungen an den traditionellen Finanzmärkten im Blick behalten, um potenzielle Risiken und Chancen frühzeitig zu erkennen. Schließlich spielen auch spekulative Aktivitäten und Marktmanipulationen, wie z.B. "Pump and Dump"-Szenarien, eine Rolle. Dabei wird der Kurs einer Kryptowährung künstlich in die Höhe getrieben, um anschließend mit Gewinn zu verkaufen und einen Preissturz zu verursachen. Um sich vor solchen Manipulationen zu schützen, ist es unerlässlich, sich über die Funktionsweise des Marktes zu informieren und auf seriöse Informationsquellen zurückzugreifen. Eine gründliche Recherche und eine kritische Bewertung der verfügbaren Informationen sind essentiell für erfolgreiches Investieren im Kryptowährungsmarkt.

Bitcoin-Preisunterschiede an verschiedenen Börsen

Veranschaulichende Preisunterschiede für BTC an verschiedenen Börsen.

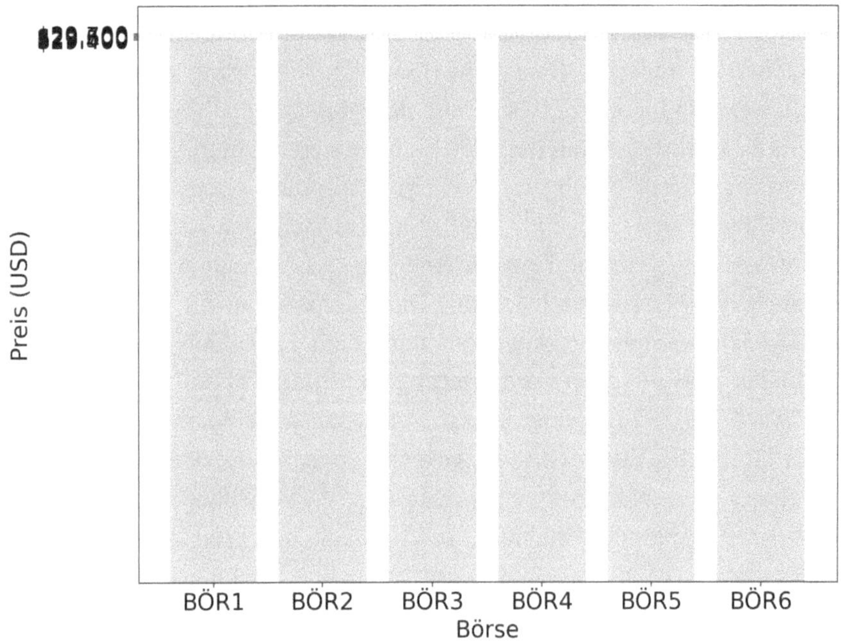

BÖR1: Börse A

BÖR2: Börse B

BÖR3: Börse C

BÖR4: Börse D

BÖR5: Börse E

BÖR6: Börse F

Dieses Diagramm verdeutlicht das Potenzial für Arbitragemöglichkeiten aufgrund von Preisunterschieden an verschiedenen Kryptowährungsbörsen. Händler könnten BTC an Börsen mit niedrigeren Preisen kaufen und an Börsen mit höheren Preisen verkaufen, um vom Spread zu profitieren. Faktoren wie Transaktionsgebühren, Auszahlungslimits und Marktvolatilität können jedoch die tatsächliche Rentabilität solcher Arbitrage beeinflussen.

Marktkapitalisierung

Marktkapitalisierung gibt den Gesamtwert aller im Umlauf befindlichen Einheiten einer Kryptowährung an und berechnet sich aus dem Produkt des aktuellen Marktpreises und der zirkulierenden Menge. Sie dient als Indikator für die Größe und Bedeutung einer Kryptowährung im Vergleich zu anderen. Eine hohe Marktkapitalisierung deutet auf eine etabliertere und potenziell stabilere Kryptowährung hin, während eine niedrige Marktkapitalisierung oft mit höherer Volatilität und Risiko einhergeht. Veränderungen der Marktkapitalisierung spiegeln die Entwicklung von Angebot und Nachfrage wider. Steigt etwa die Nachfrage bei gleichbleibendem Angebot, erhöht sich sowohl der Preis als auch die Marktkapitalisierung. Umgekehrt kann ein sinkender Preis bei gleichbleibendem Angebot auf eine abnehmende Nachfrage hindeuten und zu einer Verringerung der Marktkapitalisierung führen. [s4] Auch die zirkulierende Menge selbst kann die Marktkapitalisierung beeinflussen. So kann etwa die Ausgabe neuer Coins oder das "Burnen" – also die bewusste Vernichtung – bestehender Coins die Marktkapitalisierung verändern, selbst wenn der Preis konstant bleibt. Daher ist es für Investoren ratsam, die Marktkapitalisierung im Zusammenhang mit anderen Kennzahlen, wie dem Handelsvolumen und der Volatilität, zu betrachten, um ein umfassendes Bild der jeweiligen Kryptowährung zu erhalten. Die Betrachtung der Marktmechanismen von Stablecoins, die an einen externen Wert gekoppelt sind, verdeutlicht die Bedeutung der Unterscheidung zwischen primären und sekundären Märkten. Während der Handel auf sekundären Märkten die kurzfristige Preisstabilität beeinflusst, bestimmt die Struktur und Funktionsweise des primären Marktes, wo die Stablecoins ausgegeben und besichert werden, die langfristige Stabilität und das Verhalten der Stablecoins, insbesondere in Krisenzeiten. [s4] Ein umsichtiger Anleger sollte daher nicht nur die Marktkapitalisierung und den Preis auf dem

Sekundärmarkt, sondern auch die Mechanismen und die Stabilität des primären Marktes berücksichtigen.

Gut zu wissen

Marktkapitalisierung

Die Marktkapitalisierung einer Kryptowährung hilft, ihr Größe und ihren Einfluss im Markt einzuschätzen. Sie wird berechnet, indem man die Anzahl der verfügbaren Coins mit dem aktuellen Marktpreis multipliziert. Bitcoin, als größte Kryptowährung, hat oft eine höhere Marktkapitalisierung als andere, kleinere Kryptowährungen.

Sekundärmarkt

Auf dem Sekundärmarkt werden bereits im Umlauf befindliche Kryptowährungen zwischen Anlegern gehandelt. Börsen wie Binance oder Coinbase sind Beispiele für Sekundärmärkte. Hier wird der Preis durch Angebot und Nachfrage bestimmt und unterliegt kurzfristigen Schwankungen.

Volatilität

Volatilität bezieht sich auf die Schwankungsbreite des Preises einer Kryptowährung. Hohe Volatilität bedeutet, dass der Preis schnell und stark steigen oder fallen kann, was sowohl Chancen als auch Risiken für Anleger birgt. Bitcoin ist bekannt für seine Preisvolatilität, die im Laufe der Zeit jedoch tendenziell abgenommen hat.

Verteilung der Marktkapitalisierung von Kryptowährungen

Verteilung der Marktkapitalisierung der wichtigsten Kryptowährungen.

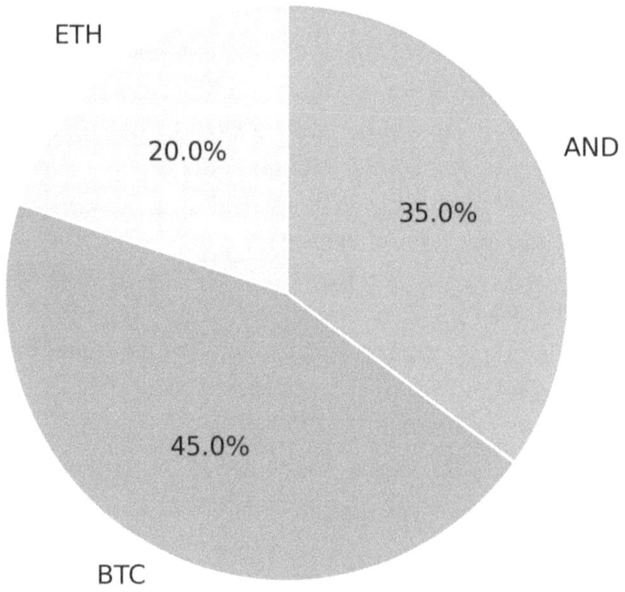

- AND: Andere Altcoins
- BTC: Bitcoin
- ETH: Ethereum

Die Bitcoin-Dominanz ist deutlich sichtbar und zeigt ihren erheblichen Einfluss auf den Markt. Während Ethereum einen erheblichen Anteil hält, stellen die verbleibenden Altcoins, obwohl zahlreich, einen kleineren Teil des Gesamtmarktes dar. Dies deutet auf einen konzentrierten Markt mit wenigen Schlüsselakteuren hin, die einen erheblichen Wert halten.

Konkrete Ratschläge

- Beobachten Sie das Verhältnis von langfristigen Haltern zu kurzfristigen Spekulanten, um frühzeitig Trends im Marktgeschehen zu erkennen.
- Identifizieren Sie dominante Marktteilnehmer und analysieren Sie deren Handelsverhalten, um deren Einfluss auf die Preisbildung abzuschätzen.
- Verfolgen Sie die Entwicklung des Orderbuchs, um die aktuelle Kauf- und Verkaufsbereitschaft im Markt zu beurteilen und potenzielle Preisbewegungen zu antizipieren.
- Entwickeln Sie eigene Indikatoren, die auf der Analyse von On-Chain-Daten basieren, um Markttrends frühzeitig zu erkennen.
- Nutzen Sie die Korrelation zwischen Krypto- und traditionellen Märkten, um Ihr Portfolio strategisch anzupassen und Diversifikationsmöglichkeiten zu nutzen.
- Beobachten Sie die Entwicklung neuer dezentraler Börsen (DEX) und deren Einfluss auf die Marktliquidität und Preisfindung.
- Analysieren Sie die Auswirkungen regulatorischer Maßnahmen auf die Preisentwicklung verschiedener Kryptowährungen.
- Recherchieren Sie die Tokenomics neuer Projekte, um deren langfristige Wertentwicklung und Marktpotenzial einzuschätzen.
- Entwickeln Sie ein Verständnis für die Psychologie der Märkte, um emotionale Fehlentscheidungen zu vermeiden und rationale Investitionsstrategien zu verfolgen.
- Verfolgen Sie die Entwicklung von dezentralen Finanzprotokollen (DeFi) und deren Einfluss auf die traditionellen Finanzmärkte.

1. 3 Sicherheitsaspekte

Der sichere Umgang mit Kryptowährungen erfordert ein tiefgreifendes Verständnis der zugrundeliegenden Sicherheitsmechanismen. Private Schlüssel, Zwei-Faktor-Authentifizierung und Datensicherung bilden die Eckpfeiler für den Schutz Ihres digitalen Vermögens. Dieses Kapitel beleuchtet die damit verbundenen Herausforderungen und die möglichen Schwachstellen, die Angreifern Tür und Tor öffnen können. Verlust, Diebstahl und Betrug sind reale Gefahren im Krypto-Universum. Die richtige Kombination von Sicherheitsmaßnahmen minimiert diese Risiken und ermöglicht Ihnen, die Kontrolle über Ihre digitalen Werte zu behalten. Bereiten Sie sich darauf vor, die essentiellen Sicherheitsaspekte zu meistern und Ihre Kryptowährungen effektiv zu schützen.

Die Sicherheit Ihrer Kryptowährungen hängt maßgeblich von einem mehrschichtigen Sicherheitsansatz ab, der die sichere Verwahrung privater Schlüssel, die Nutzung der Zwei-Faktor-Authentifizierung und die regelmäßige Erstellung und Überprüfung von Backups umfasst.

Private Schlüssel

Der private Schlüssel ist der geheime Code, der Ihnen den Zugriff auf Ihre Kryptowährungen ermöglicht. Er funktioniert wie der Schlüssel zu Ihrem Banktresor. Nur wer diesen Schlüssel besitzt, kann die darin enthaltenen Werte kontrollieren und verwalten. Verlieren Sie ihn, ist Ihr Vermögen unwiederbringlich verloren. Geben Sie ihn an Unbefugte weiter, riskieren Sie den Diebstahl Ihrer Kryptowährungen. Daher ist die sichere Aufbewahrung Ihres privaten Schlüssels die wichtigste Aufgabe beim Umgang mit Kryptowährungen. Private Schlüssel werden mithilfe kryptografischer Verfahren generiert und bestehen aus einer langen Folge von Buchstaben und Zahlen. Diese scheinbar zufällige Zeichenkette ist mathematisch mit Ihrer öffentlichen Adresse verknüpft, die Sie zum Empfangen von Kryptowährungen verwenden. Zu vergleichen mit einem Briefkasten: Ihre öffentliche Adresse ist die Adresse des Briefkastens, jeder kann sie sehen und Briefe (Kryptowährungen) einwerfen. Der private Schlüssel ist der Schlüssel zum Briefkasten, nur mit ihm können Sie die Briefe entnehmen. Die Sicherheit Ihres privaten Schlüssels hängt maßgeblich von der gewählten Speichermethode ab. Verschiedene Methoden bieten unterschiedliche Sicherheitsstufen und eignen sich für verschiedene Bedürfnisse. Grundsätzlich unterscheidet man zwischen der digitalen und der analogen Speicherung. Digitale Speichermethoden umfassen softwarewallets, hardwarewallets und Online-Wallets. Software-Wallets speichern Ihren privaten Schlüssel auf Ihrem Computer oder Smartphone. Hardware-Wallets sind separate Geräte, die speziell für die sichere Aufbewahrung von privaten Schlüsseln entwickelt wurden. Online-Wallets speichern Ihre Schlüssel auf den Servern eines Drittanbieters. Jede dieser Methoden hat ihre Vor- und Nachteile hinsichtlich Sicherheit, Komfort und Benutzerfreundlichkeit. Ein Hardware-Wallet bietet zwar die höchste Sicherheit, erfordert aber eine gewisse Einarbeitungszeit und ist mit zusätzlichen Kosten verbunden. Ein Online-Wallet ist zwar bequem in der Anwendung, birgt aber das

Risiko, dass Ihre Schlüssel durch einen Hackerangriff oder die Insolvenz des Anbieters verloren gehen. Analoge Speichermethoden beinhalten das Aufschreiben des privaten Schlüssels auf Papier oder das Prägen auf Metall. Diese Methoden bieten Schutz vor Hackerangriffen, sind aber anfällig für Verlust durch Feuer, Wasser oder Diebstahl. Werden private Schlüssel auf Papier notiert, sollte dies redundant und an verschiedenen, sicheren Orten geschehen. Die Verwendung von feuerfesten und wasserdichten Safes oder Bankschließfächern kann zusätzlichen Schutz bieten. Ein wichtiger Aspekt der Schlüsselsicherheit ist die Vermeidung von Phishing-Angriffen. Betrüger versuchen, durch gefälschte Webseiten oder E-Mails an Ihre privaten Schlüssel zu gelangen. Seien Sie daher misstrauisch gegenüber unaufgeforderten E-Mails oder Nachrichten, die Sie auffordern, Ihre Schlüssel einzugeben. Überprüfen Sie immer die URL der Webseite, auf der Sie sich befinden und geben Sie niemals Ihre privaten Schlüssel auf einer Webseite ein, deren Authentizität Sie nicht zweifelsfrei feststellen können. Ein weiterer wichtiger Punkt ist die Sicherung Ihrer privaten Schlüssel durch Backups. Sollten Sie Ihr Speichermedium verlieren oder beschädigen, können Sie Ihre Kryptowährungen mit einem Backup wiederherstellen. Ein Backup sollte an einem sicheren Ort und getrennt vom Originalschlüssel aufbewahrt werden. Sie könnten Ihr Backup beispielsweise auf einem verschlüsselten USB-Stick speichern und diesen in einem Bankschließfach hinterlegen. Wichtig ist, dass Sie die Wiederherstellungsprozedur im Vorfeld testen, um sicherzustellen, dass Sie im Ernstfall Zugriff auf Ihre Kryptowährungen haben. Die Auswahl der richtigen Speichermethode und die Umsetzung von Sicherheitsmaßnahmen sind entscheidend für den Schutz Ihrer Kryptowährungen. Informieren Sie sich gründlich über die verschiedenen Optionen und wählen Sie die Methode, die am besten zu Ihren individuellen Bedürfnissen und Ihrem Sicherheitsverständnis passt. Die Kontrolle über Ihre privaten Schlüssel ist die Grundlage für die sichere Verwaltung Ihrer digitalen Vermögenswerte.

Gut zu wissen

Backup
Sicherheitskopien der privaten Schlüssel, die im Falle von Verlust oder Beschädigung des Originals die Wiederherstellung der Kryptowährungen ermöglichen.

Hacker
Unbefugter Zugriff auf Computersysteme oder Netzwerke mit dem Ziel, Daten zu stehlen oder Systeme zu manipulieren. Ein großes Risiko für Online-Wallets.

Kryptografie
Mathematische Verfahren, die verwendet werden, um Informationen zu verschlüsseln und zu schützen und die Grundlage für die Sicherheit von Kryptowährungen bilden.

Online-Wallet
Webbasierte Dienste, die die privaten Schlüssel auf den Servern eines Drittanbieters speichern. Sie bieten hohen Komfort, bergen aber auch ein Sicherheitsrisiko.

Phishing
Betrugsversuch, bei dem Kriminelle versuchen, durch gefälschte Webseiten oder E-Mails an vertrauliche Daten wie private Schlüssel zu gelangen.

Verteilung der Sicherheitsmethoden für private Schlüssel

Verteilung gängiger Sicherheitspraktiken für private Schlüssel.

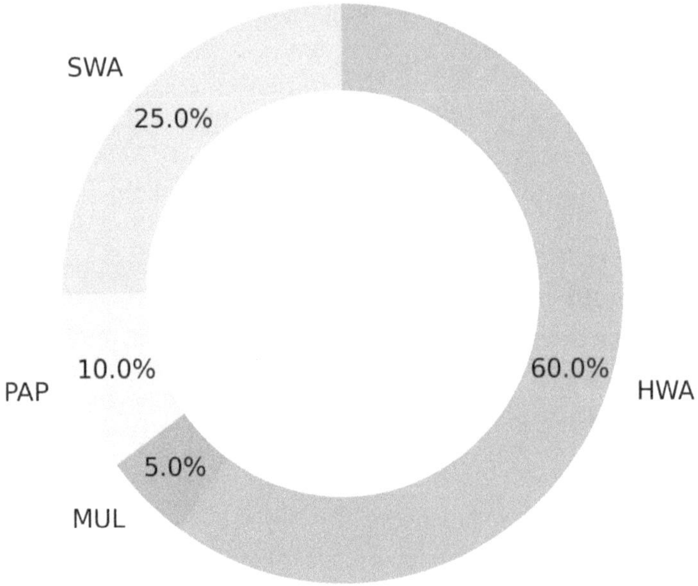

HWA: Hardware-Wallet

PAP: Paper-Wallet

MUL: Multi-Signatur-Wallet

SWA: Software-Wallet

Hardware-Wallets stellen einen erheblichen Anteil der verwendeten Sicherheitsmethoden dar, was ihre Beliebtheit für die sichere Aufbewahrung unterstreicht. Obwohl Software-Wallets und Paper-Wallets immer noch einen Anteil haben, unterstreicht die Dominanz von Hardware-Wallets das zunehmende Bewusstsein und die Akzeptanz robuster Sicherheitsmaßnahmen unter den Benutzern von Kryptowährungen. Die Verwendung von Multi-Signatur-Wallets, wenn auch geringer, deutet auf ein wachsendes Verständnis für fortgeschrittene Sicherheitsprotokolle hin.

Zwei-Faktor-Authentifizierung

Die Zwei-Faktor-Authentifizierung (2FA) ergänzt den Schutz durch private Schlüssel mit einer zusätzlichen Sicherheitsebene. Diese Methode verlangt neben dem ersten Authentifizierungsfaktor - meist ein Passwort oder privater Schlüssel - eine zweite, unabhängige Bestätigung der Identität. Der zweite Faktor basiert dabei auf etwas, das nur der rechtmäßige Nutzer besitzt oder kennt.

Hardware-Token [i5]

Die gängigsten Formen der 2FA nutzen zeitbasierte Einmalcodes, die alle 30 Sekunden neu generiert werden. Diese Codes entstehen durch einen Algorithmus, der auf einem geteilten Geheimnis zwischen der Krypto-Plattform und dem Authentifizierungsgerät basiert. Authentifizierungs-Apps wie Google Authenticator, Authy oder YubiKey erzeugen diese Codes direkt auf dem Smartphone oder einem speziellen Hardware-Token. Bei der Einrichtung der 2FA auf einer Krypto-Börse oder Wallet-Plattform wird ein QR-Code oder ein Sicherheitsschlüssel angezeigt. Nach dem Scannen des Codes mit der Authentifizierungs-App müssen Sie bei jedem Login oder bei kritischen Transaktionen den aktuellen Code eingeben. Selbst wenn ein Angreifer Ihr Passwort erbeutet, bleibt der Zugang ohne den zweiten Faktor verwehrt. Die Sicherung der 2FA-Wiederherstellungscodes verdient besondere Aufmerksamkeit. Diese Backup-Codes ermöglichen den Zugriff auf das Konto, falls das Authentifizierungsgerät verloren geht oder defekt ist. Bewahren Sie diese Codes getrennt von Ihrem Hauptgerät auf - analog auf Papier in einem Safe oder digital verschlüsselt auf einem separaten Datenträger.

Verschiedene 2FA-Methoden bieten unterschiedliche Sicherheitsniveaus:
- SMS-basierte 2FA: anfällig für SIM-Swapping-Angriffe
- App-basierte 2FA: höhere Sicherheit durch lokale Code-Generierung
- Hardware-Token: maximale Sicherheit durch physische Trennung

Die Implementierung der 2FA sollte systematisch erfolgen. Aktivieren Sie zunächst 2FA für Ihr E-Mail-Konto, da dieses oft als Backup-Option für andere Dienste dient. Führen Sie anschließend 2FA für Ihre Krypto-Börsen und Wallet-Dienste ein. Testen Sie den Wiederherstellungsprozess, bevor Sie größere Summen verwalten. Die Kombination aus sicher verwahrtem privatem Schlüssel und 2FA schafft ein robustes Sicherheitssystem. Der private Schlüssel kontrolliert den Zugang zu Ihren Kryptowährungen, während 2FA den Zugriff auf Handelsplattformen und Online-Wallets absichert. Diese mehrschichtige Sicherheitsarchitektur erschwert Angreifern das Eindringen erheblich. Moderne Authentifizierungs-Apps bieten zusätzliche Funktionen wie verschlüsselte Cloud-Backups oder die Synchronisation zwischen mehreren Geräten. Diese Komfortfunktionen bergen jedoch auch Risiken. Cloud-Backups könnten kompromittiert werden, Synchronisierung eröffnet neue Angriffsvektoren. Wägen Sie sorgfältig zwischen Benutzerfreundlichkeit und Sicherheit ab. Die regelmäßige Überprüfung Ihrer 2FA-Einstellungen gehört zur digitalen Hygiene. Entfernen Sie nicht mehr genutzte 2FA-Verknüpfungen, aktualisieren Sie Ihre Authentifizierungs-Apps und überprüfen Sie die hinterlegten Backup-Optionen. Dokumentieren Sie Ihre 2FA-Setup-Prozesse für den Notfall, damit berechtigte Personen im Ernstfall Zugang zu Ihren digitalen Werten erhalten können.

Gut zu wissen

Angriffsvektor

Eine Methode oder ein Weg, den ein Angreifer nutzen kann, um ein System oder Netzwerk zu kompromittieren. Die Synchronisierung von Daten zwischen mehreren Geräten kann neue Angriffsvektoren eröffnen, da jedes Gerät ein potenzielles Einfallstor für Angreifer darstellt.

Cloud-Backup

Eine Methode zur Datensicherung, bei der Daten auf einem entfernten Server gespeichert werden. Dies kann zwar den Zugriff auf Daten von verschiedenen Geräten ermöglichen, birgt aber auch Sicherheitsrisiken, wenn der Cloud-Anbieter kompromittiert wird.

Hardware-Token

Ein kleines physisches Gerät, das Einmalpasswörter generiert und als zweiter Faktor für die Authentifizierung verwendet wird. Es bietet eine höhere Sicherheit als softwarebasierte 2FA-Methoden.

SIM-Swapping

Eine Betrugsmethode, bei der Kriminelle die Kontrolle über die SIM-Karte eines Opfers erlangen, um Zugriff auf dessen Online-Konten und Finanzinformationen zu erhalten, einschließlich Kryptowährungen.

Vergleich der 2FA-Methoden-Sicherheit

Sicherheitsstufen verschiedener 2FA-Methoden.

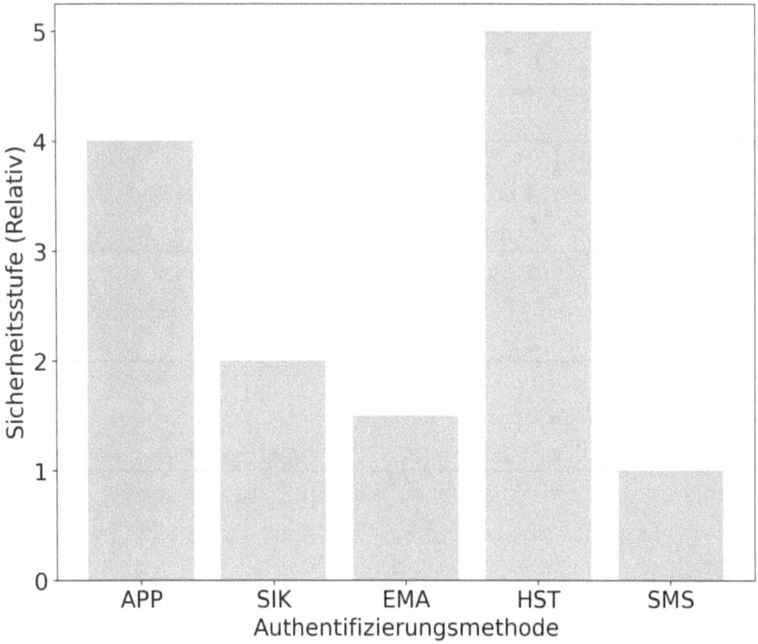

APP: Authentifikator-App
EMA: E-Mail-Verifizierung
HST: Hardware-Schlüssel
SIK: Sicherheitskopien
SMS: SMS-Nachricht

SMS-basierte 2FA bietet zwar Komfort, aber aufgrund von Sicherheitslücken wie SIM-Swapping die geringste Sicherheit. Authentifikator-Apps bieten ein deutlich höheres Sicherheitsniveau, während Hardware-Schlüssel aufgrund ihrer physischen Natur und ihrer Widerstandsfähigkeit gegen Phishing-Angriffe die sicherste Option darstellen. Obwohl Backup-Codes eine Wiederherstellungsoption bieten, sind sie aufgrund ihrer inhärenten Offline-Natur weniger sicher als App-basierte oder Hardware-Lösungen.

Datensicherung

Datensicherung schützt Ihre Kryptowährungen vor Verlust durch technische Defekte, menschliches Versagen oder Angriffe. Ein Backup Ihrer Wallet und der dazugehörigen Daten ermöglicht die Wiederherstellung Ihres Krypto-Vermögens. Unterschiedliche Backup-Strategien bieten verschiedene Sicherheitsstufen und Komfort.

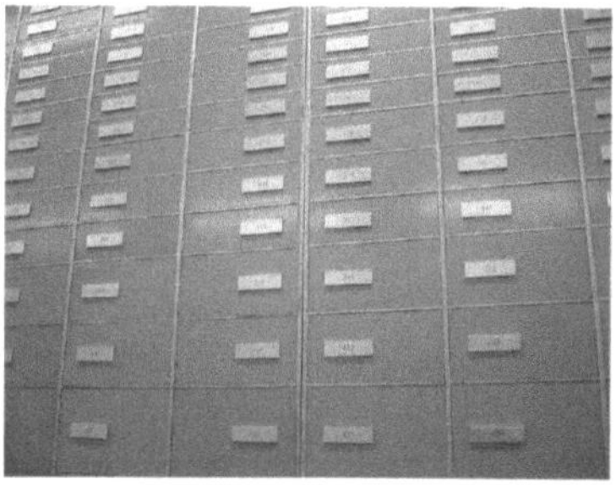

Bankschließfach [i6]

Ein gängiges Verfahren ist die Sicherung der seed_phrase, einer Folge von 12, 18 oder 24 Wörtern, die alle Informationen Ihrer Wallet kodiert. Notieren Sie diese Wortfolge offline, etwa handschriftlich auf Papier oder mittels Präger auf Metall. Mehrere Kopien, verteilt aufbewahrt – etwa an verschiedenen sicheren Orten wie Bankschließfächern oder bei vertrauenswürdigen Familienmitgliedern –, minimieren das Verlustrisiko. Achten Sie darauf, diese Informationen vor unbefugtem Zugriff, Feuchtigkeit und Feuer zu schützen. Ein Bankschließfach bietet hier einen guten Schutz, während ein einfacher Zettel im Geldbeutel ein hohes Risiko birgt. softwarewallets bieten meist eine Backup-Funktion, die eine Datei mit allen Wallet-Daten erzeugt. Speichern Sie diese Datei verschlüsselt auf einem externen Datenträger, der nicht permanent mit dem Internet verbunden ist. Ein USB-Stick, im Safe verwahrt, ist eine praktikable Lösung. Achten Sie darauf, dass der Datenträger selbst vor Beschädigung geschützt ist. Regelmäßige Backups, etwa monatlich oder nach jeder größeren Transaktion, stellen sicher, dass im Verlustfall nur minimale Verluste entstehen. hardwarewallets generieren bei der Einrichtung eine Recovery Phrase, ähnlich der Seed Phrase von Software-Wallets. Bewahren Sie diese Phrase analog und sicher auf. Einige Hardware-Wallets bieten zusätzliche Sicherheitsfunktionen, wie etwa eine PIN oder Passphrase.

Dokumentieren Sie diese Informationen sorgfältig und bewahren Sie sie getrennt von der Recovery Phrase auf. Cloud-basierte Backups bieten zwar Komfort, bergen aber auch Risiken. Wählen Sie einen vertrauenswürdigen Anbieter mit starker Verschlüsselung und zweifaktorauthentifizierung. Überprüfen Sie regelmäßig die Sicherheitsrichtlinien des Anbieters und aktivieren Sie alle verfügbaren Sicherheitsoptionen. Testen Sie die Wiederherstellung aus dem Backup regelmäßig, um sicherzustellen, dass Sie im Ernstfall Zugriff auf Ihre Kryptowährungen haben. Nur ein erfolgreich getestetes Backup garantiert die Wiederherstellung Ihres Vermögens.

Aktualisieren Sie Ihre Backups regelmäßig, insbesondere nach größeren Transaktionen oder Änderungen an Ihrer Wallet. Ein veraltetes Backup kann im Ernstfall wertlos sein. Die Kombination verschiedener Backup-Methoden maximiert die Sicherheit. So könnten Sie etwa Ihre Seed Phrase offline speichern und zusätzlich ein verschlüsseltes Backup Ihrer Wallet-Datei auf einem externen Datenträger anlegen. Eine weitere Kopie der Seed Phrase an einem separaten, sicheren Ort bietet zusätzliche Redundanz. Die sorgfältige Planung und Umsetzung Ihrer Backup-Strategie ist fundamental für die Sicherheit Ihrer Kryptowährungen. Investieren Sie Zeit und Mühe in die Auswahl der passenden Methoden und die regelmäßige Durchführung der Backups. Nur so gewährleisten Sie den langfristigen Schutz Ihres digitalen Vermögens. Die Sicherung Ihrer Daten ist eine kontinuierliche Aufgabe, die regelmäßige Aufmerksamkeit erfordert. Integrieren Sie die Backup-Erstellung und -Überprüfung in Ihre Routinen, um die Sicherheit Ihrer Kryptowährungen nachhaltig zu gewährleisten. Ein gut geplantes und regelmäßig durchgeführtes Backup ist die beste Versicherung gegen den Verlust Ihrer digitalen Werte.

Gut zu wissen

Cloud-basierte Backups

Sicherheitskopien, die in einem Online-Speicherdienst abgelegt werden. Sie bieten Komfort, bergen aber auch das Risiko von Datenverlust oder -diebstahl, wenn der Anbieter kompromittiert wird.

Backup

Eine Sicherheitskopie der Wallet-Daten, die im Falle eines Verlusts oder Defekts die Wiederherstellung der Kryptowährungen ermöglicht.

Offline

Nicht mit dem Internet verbunden. Im Kontext von Kryptowährungen bedeutet dies, Daten an einem Ort zu speichern, der nicht über das Internet zugänglich ist, um das Risiko von Hackerangriffen zu minimieren.

Passphrase

Ein längeres Passwort, das in Kombination mit der Seed Phrase oder Recovery Phrase die Sicherheit der Wallet erhöht.

Recovery Phrase

Ähnlich der Seed Phrase, dient sie zur Wiederherstellung einer Hardware-Wallet. Sie sollte sicher und offline aufbewahrt werden.

Backup-Zuverlässigkeit

Vergleich der Zuverlässigkeit von Backup-Methoden für Kryptowährungs-Wallets.

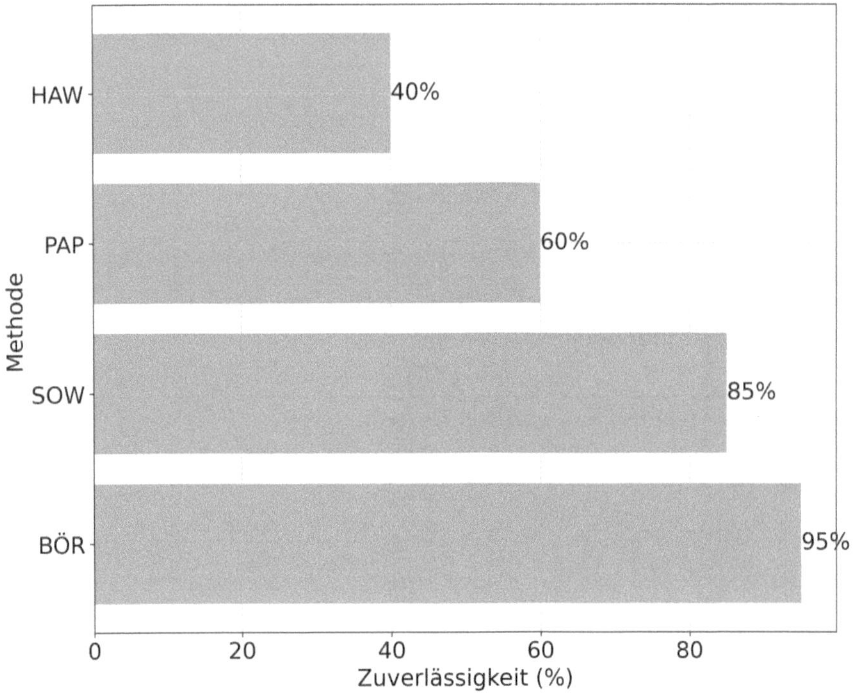

BÖR: Börsen Wallet

PAP: Paper Wallet

HAW: Hardware Wallet

SOW: Software Wallet

Hardware Wallets weisen die höchste Zuverlässigkeit auf, gefolgt von Paper Wallets. Software- und Börsen Wallets zeigen eine geringere Zuverlässigkeit, was die Bedeutung der Wahl geeigneter Sicherungsmethoden für die sichere Aufbewahrung von Kryptowährungen unterstreicht.

Konkrete Ratschläge

- Erstellen Sie ein persönliches Sicherheitsprotokoll für Ihre Kryptowährungen und aktualisieren Sie es regelmäßig.
- Speichern Sie Ihre Seed Phrase als verschlüsselte Audiodatei und verteilen Sie diese auf mehreren, sicheren Datenträgern.
- Nutzen Sie einen Passwortmanager, der speziell für kryptografische Schlüssel optimiert ist und offline genutzt werden kann.
- Erstellen Sie ein Täuschungs-Wallet mit geringen Beträgen, um im Falle eines erzwungenen Zugriffs Ihre Hauptbestände zu schützen.
- Vereinbaren Sie mit einer Vertrauensperson ein Notfallprotokoll für den Zugriff auf Ihre Kryptowährungen im Falle Ihrer Handlungsunfähigkeit.
- Überprüfen Sie regelmäßig die Firmware Ihrer Hardware-Wallets auf Aktualisierungen und Sicherheitslücken.
- Trainieren Sie die Wiederherstellung Ihrer Wallets aus Backups regelmäßig, um im Ernstfall schnell und sicher reagieren zu können.
- Nutzen Sie für besonders sensible Transaktionen ein isoliertes System, beispielsweise einen Computer, der niemals mit dem Internet verbunden war.
- Segmentieren Sie Ihre Krypto-Bestände auf verschiedene Wallets, um das Risiko eines Totalverlustes zu minimieren.
- Hinterlegen Sie wichtige Informationen zu Ihren Kryptowährungen verschlüsselt bei einem Notar oder Anwalt.
- Entwickeln Sie ein System von Prüfsummen für Ihre privaten Schlüssel und Seed Phrases, um Manipulationen frühzeitig zu erkennen.

Rückblick - 1. Grundlagen der Kryptowährungen

Das Verständnis der Kryptowelt beginnt mit den Grundlagen. Die Blockchain, das dezentrale Register für Transaktionen, bildet das Fundament. Stellen Sie sich ein digitales Kassenbuch vor, das von vielen Computern weltweit geführt wird und dessen Einträge unveränderlich sind. Diese Dezentralität erhöht die Sicherheit und Transparenz, da keine einzelne Institution die Kontrolle hat. Als angehender Krypto-Nutzer sollten Sie sich mit den verschiedenen Blockchain-Typen und deren spezifischen Eigenschaften, wie Skalierbarkeit und Transaktionsgeschwindigkeit, vertraut machen. Recherchieren Sie die zugrundeliegende Technologie verschiedener Projekte, um deren Potenzial und Risiken besser einschätzen zu können.

Dezentrale Netzwerke, die das Herzstück von Kryptowährungen bilden, ermöglichen Peer-to-Peer-Transaktionen, also den direkten Austausch von Werten ohne Intermediäre. Dies reduziert Transaktionskosten und erhöht die Geschwindigkeit. Beachten Sie jedoch, dass die Dezentralisierung auch Herausforderungen mit sich bringt. Der Konsensmechanismus, der die Übereinstimmung aller Teilnehmer im Netzwerk sicherstellt, ist entscheidend für die Sicherheit und Effizienz. Informieren Sie sich über die verschiedenen Konsensmechanismen, wie Proof-of-Work oder Proof-of-Stake und deren jeweilige Vor- und Nachteile, insbesondere hinsichtlich Energieverbrauch und Skalierbarkeit. Vergleichen Sie die Transaktionsgebühren und -geschwindigkeiten verschiedener Kryptowährungen, um die für Ihre Bedürfnisse optimale Lösung zu finden.

Die sichere Aufbewahrung Ihrer Kryptowährungen erfordert eine digitale Brieftasche, ein sogenanntes Wallet. Wallets gibt es in verschiedenen Ausführungen, von Software-Wallets auf Ihrem Computer bis hin zu Hardware-Wallets, die Ihre privaten Schlüssel offline speichern. Die Wahl des richtigen Wallets hängt von Ihrem individuellen Sicherheitsbedürfnis und Ihrer Erfahrung ab. Für Anfänger eignen sich benutzerfreundliche Software-Wallets, während erfahrene Nutzer und Investoren mit größeren Beträgen Hardware-Wallets bevorzugen sollten. Unabhängig von der Wahl Ihres Wallets ist die Sicherung Ihrer privaten Schlüssel und Ihrer Seed Phrase von größter Bedeutung. Bewahren Sie diese Informationen offline an mehreren sicheren Orten auf, um im Falle eines Verlustes oder Diebstahls Ihrer Geräte Zugriff auf Ihre Kryptowährungen zu behalten. Aktivieren Sie in jedem Fall die Zwei-Faktor-Authentifizierung, um einen zusätzlichen Schutz vor unbefugtem Zugriff zu gewährleisten. Seien Sie stets wachsam gegenüber Phishing-Versuchen und geben Sie niemals Ihre privaten Schlüssel auf unsicheren Webseiten oder an unbekannte Dritte weiter.

Die Preisbildung von Kryptowährungen wird durch das komplexe Zusammenspiel von Angebot und Nachfrage, Marktstimmung, technischen Entwicklungen und makroökonomischen Faktoren beeinflusst. Die begrenzte Gesamtmenge vieler Kryptowährungen, wie Bitcoin, trägt zur Preisstabilität bei, während Nachrichten, soziale Medien und das allgemeine Wirtschaftsklima die Nachfrage beeinflussen können. Beobachten Sie das Handelsvolumen und die Marktkapitalisierung, um ein besseres Verständnis für die Marktdynamik zu entwickeln. Diversifizieren Sie Ihr Portfolio, um das Risiko zu minimieren und informieren Sie sich stetig über neue Entwicklungen und Trends im Kryptomarkt. Der Kryptomarkt bietet spannende Möglichkeiten, erfordert aber auch ein fundiertes Verständnis der zugrundeliegenden Technologie und der Marktmechanismen.

Der Einstieg in die Welt der Kryptowährungen mag zunächst komplex erscheinen, doch mit dem richtigen Wissen und den passenden Werkzeugen können Sie die Chancen dieser innovativen Technologie nutzen. Investieren Sie Zeit in Ihre Weiterbildung, recherchieren Sie sorgfältig und gehen Sie mit Bedacht vor. Die Kryptowelt entwickelt sich ständig weiter – bleiben Sie neugierig und offen für Neues, um das volle Potenzial dieser aufregenden Technologie zu entdecken.

2. Krypto-Handel

Täglich werden Milliarden an den Kryptomärkten bewegt - doch wie gelingt der profitable Einstieg in diesen dynamischen Markt? Die digitalen Handelssysteme haben die traditionellen Börsenparkett-Regeln revolutioniert und eröffnen völlig neue Möglichkeiten für aktive Marktteilnehmer. Professionelle Händler nutzen dabei ausgefeilte Methoden, um Chancen zu erkennen und Verluste zu begrenzen. Erfolgreicher Krypto-Handel basiert auf klaren Prinzipien und systematischen Entscheidungen, die weit über das simple Kaufen und Verkaufen hinausgehen. In diesem Kapitel enthüllen wir die entscheidenden Faktoren, die über Gewinn oder Verlust bestimmen.

2. 1 Handelsstrategien

Handelsstrategien im Krypto-Markt entscheiden über Erfolg oder Misserfolg. Dieser Abschnitt behandelt die wichtigsten Strategien, von langfristigen Anlagen über den schnellen Tageshandel bis zur Portfoliodiversifikation. Dabei werden die jeweiligen Chancen und Risiken beleuchtet, spezifische Herausforderungen aufgezeigt und die Bedeutung von fundierten Entscheidungen im volatilen Krypto-Umfeld betont. Erfahren Sie, wie Sie Ihre individuelle Strategie entwickeln und optimieren können.

Erfolgreiche Krypto-Handelsstrategien, egal ob langfristig oder kurzfristig, erfordern ein tiefes Verständnis der Marktmechanismen, Risikomanagement und kontinuierliche Anpassung an die dynamischen Marktbedingungen.

Langfristige Anlage

Langfristige Anlagen in Kryptowährungen unterscheiden sich von kurzfristigen Handelsstrategien durch den Fokus auf das langfristige Wachstumspotenzial, anstatt kurzfristige Kursschwankungen auszunutzen. Dabei ist die Auswahl der Anlageinstrumente entscheidend. Während einige digitale Währungen als Absicherung gegen Marktrisiken betrachtet werden, zeigen Studien, dass Kryptowährungen im Allgemeinen keinen sicheren Hafen für internationale Aktienmärkte bieten und das Abwärtsrisiko sogar erhöhen können [s5]. Eine Allokation in bestimmte digitale Währungen kann zwar in einigen Fällen das Risiko mindern, ist aber mit zusätzlichen Risiken verbunden und langfristig nicht als Absicherung gegen Marktrückgänge geeignet [s5]. Auch Edelmetalle und digitale Währungen eignen sich nicht als Absicherungsinstrumente im Aktienmarkt, wobei negative Asymmetrien, insbesondere in Bärenmärkten, zu beobachten sind [s6]. Die Analyse der Beziehung zwischen Finanzanlagen sollte daher positive und negative Renditen unterscheiden, besonders in Krisenzeiten [s6]. Für langfristige Investoren ist Diversifikation ein wichtiger Aspekt. Digitale Vermögenswerte und nachhaltige Energiequellen bieten zwar Diversifikationsmöglichkeiten, doch unter extremen Marktbedingungen nimmt die Korrelation zwischen ihnen zu, was die Diversifikation reduziert [s7]. Eine dynamische Analyse der Zusammenhänge über verschiedene Quantile hinweg ist daher notwendig, um Diversifikationsmöglichkeiten vollständig zu verstehen [s7]. Investoren sollten auch die unterschiedlichen Auswirkungen digitaler Währungen auf verschiedene Investierende Gruppen berücksichtigen [s8]. Für manche Gruppen kann Pooling vorteilhafter sein als Diversifikation, während für andere das Gegenteil zutrifft [s8]. Z.B. könnten institutionelle Anleger mit langfristigem Anlagehorizont von Pooling-Strategien profitieren, während private Kleinanleger eher auf Diversifikation setzen sollten, um ihr Risiko zu streuen. Die Berücksichtigung dieser Faktoren und eine sorgfältige Analyse der

Marktbedingungen sind für langfristige Anlagestrategien im Kryptowährungsmarkt unerlässlich.

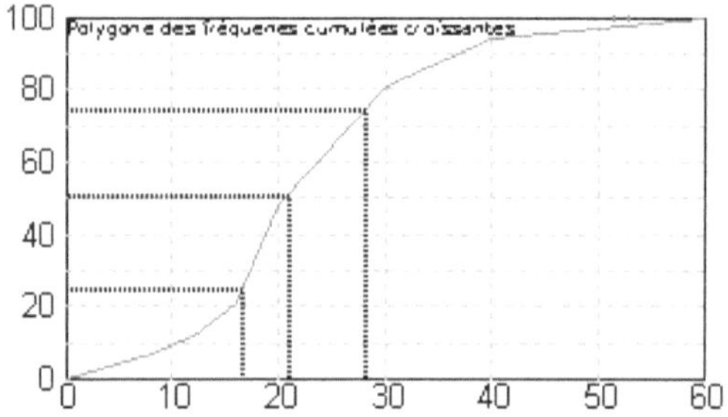

Quantil [i7]

Gut zu wissen

Allokation

Die Verteilung von Investitionen auf verschiedene Anlageklassen, wie z.B. Bitcoin, Ethereum oder andere Kryptowährungen, um das Risiko zu streuen und die Rendite zu optimieren.

Asymmetrie

Ungleiche Reaktionen von Kryptowährungen auf positive und negative Marktbewegungen. Beispielsweise kann eine Kryptowährung stärker auf Kursverluste als auf Kursgewinne reagieren.

Bärenmarkt

Ein Bärenmarkt ist ein Zustand, in dem die Kurse von Kryptowährungen über einen längeren Zeitraum fallen, oft begleitet von pessimistischen Marktstimmungen und sinkenden Handelsvolumina.

Diversifikation

Die Streuung des Anlagekapitals auf verschiedene Kryptowährungen, um das Risiko von Verlusten durch Preisverfälle einzelner Währungen zu minimieren.

Korrelation

Der statistische Zusammenhang zwischen der Preisentwicklung zweier oder mehrerer Kryptowährungen. Eine hohe Korrelation bedeutet, dass sich die Preise ähnlich entwickeln.

Quantile

Intervalle, die einen Datensatz in gleich große Gruppen aufteilen. Sie werden verwendet, um die Verteilung von

Renditen von Kryptowährungen zu analysieren und Diversifikationsmöglichkeiten zu identifizieren.

Langfristiges Bitcoin-Investitionswachstum

Illustratives Wachstum einer hypothetischen Bitcoin-Investition im Zeitverlauf.

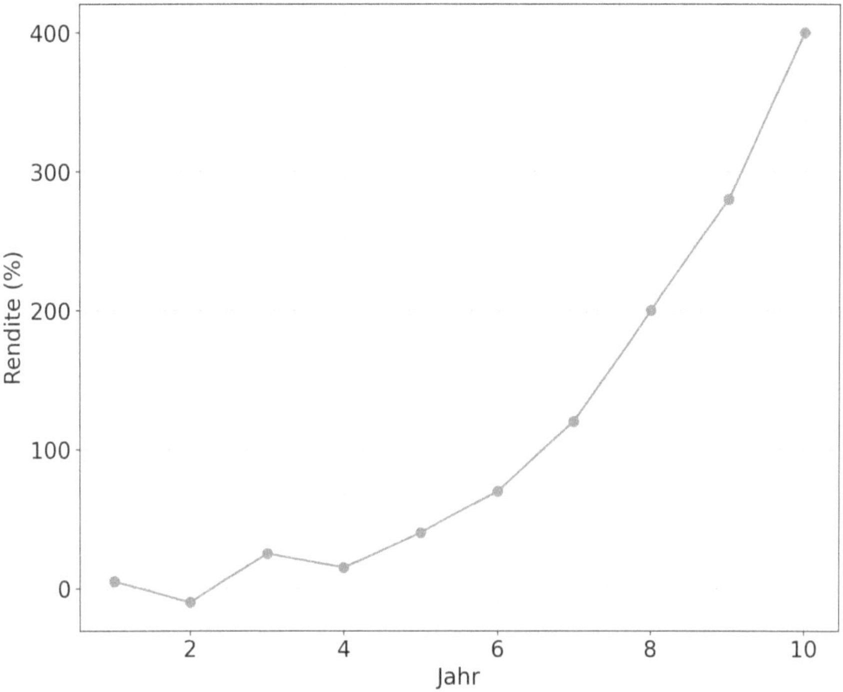

Diese Grafik zeigt das Potenzial für signifikante Renditen mit einer langfristigen Bitcoin-Anlagestrategie. Während das anfängliche Wachstum langsam ist, führt der Zinseszinseffekt zu erheblichen Gewinnen in den späteren Jahren. Dies unterstreicht die Bedeutung von Geduld und langfristiger Vision bei Investitionen in Kryptowährungen. Es ist jedoch wichtig, sich daran zu erinnern, dass die Wertentwicklung in der Vergangenheit kein Indikator für zukünftige Ergebnisse ist und Kryptowährungsinvestitionen mit Risiken verbunden sind.

Tageshandel

Tageshandel mit Kryptowährungen zielt auf die Ausnutzung von kurzfristigen Kursschwankungen innerhalb eines Tages ab. Im Gegensatz zum langfristigen Investieren, bei dem ein längerfristiger Zeithorizont im Fokus steht, erfordert der Intraday-Handel eine aktive Überwachung der Märkte und schnelle Reaktionen auf Preisänderungen. Entscheidende Faktoren für den Erfolg sind neben einer fundierten Marktkenntnis auch die Wahl der richtigen Handelsplattform und die Nutzung geeigneter Analysetools. Technische Indikatoren, wie gleitende Durchschnitte oder das Handelsvolumen, können helfen, Trends und potenzielle Einstiegs- oder Ausstiegspunkte zu identifizieren. Die Kombination verschiedener Modelle, wie sie in Ensemble-Methoden des maschinellen Lernens verwendet werden, kann die Handelsentscheidungen verbessern und so die Rentabilität steigern [s9]. Ein Trader könnte beispielsweise ein Ensemble-Modell nutzen, das sowohl auf kurzfristigen Preisänderungen als auch auf dem allgemeinen Marktsentiment basiert, um Kauf- und Verkaufssignale zu generieren. Risikomanagement ist beim Daytrading essenziell. Die Festlegung von Stop-Loss-Limits, um Verluste zu begrenzen und die sorgfältige Positionsgrößenbestimmung sind unerlässlich, um das Kapital zu schützen. Der Handel mit Hebelprodukten, die Gewinne und Verluste vervielfachen können, sollte nur von erfahrenen Händlern mit einem tiefen Verständnis der damit verbundenen Risiken in Erwägung gezogen werden. Die volatilitaet des Kryptowährungsmarktes bietet zwar Chancen für hohe Gewinne, birgt aber auch erhebliche Verlustrisiken. Daher ist eine kontinuierliche Weiterbildung und die Anpassung der Handelsstrategie an die sich ändernden Marktbedingungen entscheidend für den langfristigen Erfolg im Tageshandel.

Gut zu wissen

Gleitende Durchschnitte

Ein technischer Indikator, der den Durchschnittspreis einer Kryptowährung über einen bestimmten Zeitraum berechnet. Er glättet Preisschwankungen und hilft, Trends zu erkennen.

Handelsplattform

Eine Online-Plattform, die es Nutzern ermöglicht, Kryptowährungen zu kaufen und zu verkaufen. Sie bietet verschiedene Funktionen wie Orderbücher, Charts und Tools zur Analyse.

Intraday-Handel

Bezeichnet den Handel von Vermögenswerten (wie Kryptowährungen) innerhalb eines einzigen Handelstages. Positionen werden am selben Tag eröffnet und geschlossen.

Positionsgrößenbestimmung

Die Entscheidung, wie viel Kapital in eine bestimmte Kryptowährung investiert werden soll. Sie ist entscheidend für das Risikomanagement.

Technische Indikatoren

Mathematische Berechnungen, die auf dem Preis und/oder Volumen einer Kryptowährung basieren und dazu dienen, Trends, Unterstützungs- und Widerstandsniveaus sowie potenzielle Umkehrpunkte zu identifizieren.

Daytrading-Strategien (Krypto)

Gewinnpotenzial vs. Risiko von Krypto-Daytrading-Strategien, skaliert nach Handelsvolumen.

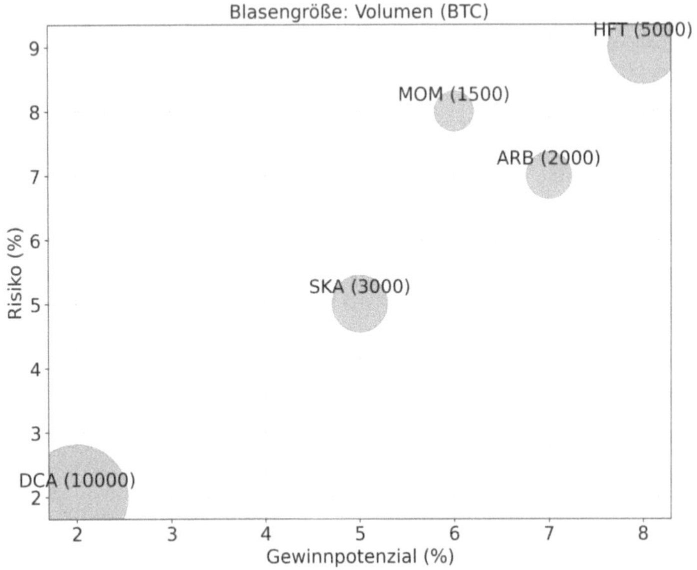

Blasengröße: Volumen (BTC)

ARB: Arbitrage

DCA: Dollar-Cost Averaging

HFT: Hochfrequenzhandel

MOM: Momentum-Handel

SKA: Scalping

Hochfrequenzhandel (HFT) und Arbitrage bieten hohes Gewinnpotenzial, bergen aber auch ein erhebliches Risiko. Scalping bietet ein ausgewogenes Verhältnis von moderatem Risiko und Gewinn. Während Dollar-Cost Averaging (DCA) ein geringeres Gewinnpotenzial und Risiko aufweist, deutet das größere Volumen auf eine breitere Akzeptanz hin. Dies deutet darauf hin, dass Händler oft Strategien mit geringerem Risiko bevorzugen, insbesondere in volatilen Märkten wie Krypto.

Portfoliodiversifikation

Aktie [i8]

Anleihe [i9]

Portfoliodiversifikation im Kryptobereich bedeutet, das Investmentkapital auf verschiedene Kryptowährungen und andere Anlageklassen zu verteilen, um das Gesamtrisiko zu minimieren. Anstatt alle Mittel in einen einzigen Coin zu investieren, verteilt man sie strategisch, um potenzielle Verluste durch den Kursverfall einzelner Währungen abzufedern. So könnte ein Anleger einen Teil seines Kapitals in etablierte Kryptowährungen wie Bitcoin oder Ethereum investieren, einen weiteren Teil in sogenannte Altcoins mit höherem Wachstumspotenzial und einen dritten Teil in gänzlich andere Anlageklassen wie Aktien, Anleihen oder Rohstoffe. Diese breite Streuung reduziert die Abhängigkeit von der Wertentwicklung einzelner Anlagen. Kryptowährungen können zwar als Absicherung gegen verschiedene Risiken wie Aktien, Fiat-Währungen oder geopolitische Unsicherheiten dienen, doch diese Eigenschaften verändern sich im Laufe der Zeit. [s10] Daher ist es ratsam, neben Kryptowährungen auch andere Anlageklassen wie Gold, Rohöl oder den europäischen Kohlenstoffmarkt in Betracht zu ziehen, um das Portfolio gegen unerwartete Marktschwankungen abzusichern. [s10] Auch Stablecoins, die an Fiat-Währungen gekoppelt sind, können zur Diversifizierung beitragen, allerdings ist ihre Stabilität nicht immer gewährleistet und sollte kritisch geprüft werden. [s10] Ein diversifiziertes Portfolio kann nicht nur das Risiko reduzieren, sondern auch die

Renditechancen verbessern und die Gesamtvolatilität des Portfolios verringern. [s10] Eine regelmäßige Überprüfung und Anpassung der Portfoliozusammensetzung an die individuellen Risikobereitschaft und die Marktlage ist dabei unerlässlich. Ein gut diversifiziertes Portfolio sollte verschiedene Anlageklassen, Kryptowährungen mit unterschiedlichen marktkapitalisierungen und Technologien sowie verschiedene Investitionsstrategien umfassen. - So kann beispielsweise ein Teil des Portfolios für langfristige Anlagen in etablierte Projekte verwendet werden, während ein anderer Teil für kurzfristige Trades und das Ausnutzen von Kursschwankungen eingesetzt wird. - Die Gewichtung der einzelnen Positionen sollte dabei an die jeweilige Risikobereitschaft angepasst werden.

Gold [i10]

Rohöl [i11]

Beispiel Krypto-Portfoliodiversifizierung

Diversifizierte Krypto-Portfolioallokation.

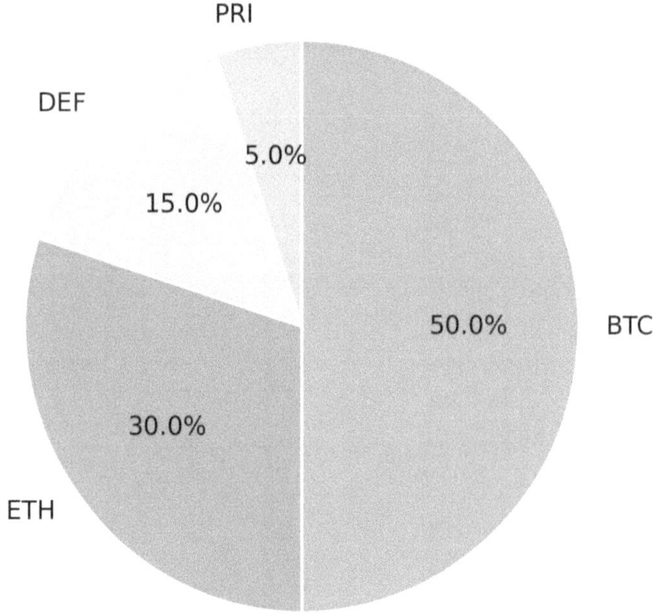

BTC: Bitcoin

ETH: Ethereum

DEF: DeFi-Token

PRI: Datenschutz-Coin

Dieses Portfolio priorisiert Bitcoin (BTC) als Grundlage und gleicht es mit Ethereum (ETH) für Smart-Contract-Exposure aus. Kleinere Allokationen an einen dezentralen Finanzierungs-(DeFi)-Token und eine datenschutzorientierte Münze sorgen für Diversifizierung über verschiedene Sektoren des Kryptomarktes. Diese Strategie zielt auf eine Mischung aus Stabilität und Wachstumspotenzial ab und mindert gleichzeitig das Risiko, indem eine übermäßige Konzentration auf einen einzelnen Vermögenswert vermieden wird.

Konkrete Ratschläge

- Nutzen Sie die Blockchain-Explorer, um große Transaktionen zu beobachten und daraus Rückschlüsse auf mögliche Marktbewegungen zu ziehen.
- Erstellen Sie sich ein Netzwerk aus vertrauenswürdigen Informationsquellen, um Falschmeldungen und manipulativem Marktgeschehen frühzeitig entgegenzuwirken.
- Definieren Sie klare Ausstiegskriterien für Ihre Investitionen, sowohl für Gewinnmitnahmen als auch für Verlustbegrenzungen und halten Sie sich konsequent daran.
- Simulieren Sie verschiedene Marktszenarien (Crash, Boom, Seitwärtsbewegung) und testen Sie, wie Ihre Strategie darauf reagiert.
- Analysieren Sie den Einfluss von Nachrichten und sozialen Medien auf die Kursentwicklung und entwickeln Sie eine Strategie, um diese Informationen effektiv zu nutzen.
- Beobachten Sie die Entwicklung des Gesamtmarktvolumens, um die allgemeine Marktstimmung einzuschätzen und potenzielle Wendepunkte zu identifizieren.
- Verfolgen Sie die Aktivitäten von Entwicklern und deren Code-Beiträge zu Open-Source-Projekten, um frühzeitig innovative Projekte zu entdecken.
- Setzen Sie sich mit der Funktionsweise von dezentralen Orakeln auseinander und bewerten Sie deren Einfluss auf die Preisbildung von Krypto-Assets.
- Entwickeln Sie eine Strategie für den Umgang mit Forks und Airdrops, um potenzielle Chancen zu nutzen und Risiken zu minimieren.
- Überprüfen Sie regelmäßig die Fundamentaldaten von Projekten, in die Sie investiert sind, um Ihre Anlagestrategie zu validieren.

2. 2 Börsenplätze

Krypto-Handelsplätze ermöglichen den Kauf und Verkauf von Kryptowährungen und bieten verschiedene Möglichkeiten für den Zugang zu diesem Markt. Zentralisierte Börsen (CEX) bieten hohe Liquidität und vereinfachten Zugang, bergen aber Risiken wie Hacking und Insolvenz. Dezentrale Börsen (DEX) und Direkthandel (P2P) erhöhen die Kontrolle über die eigenen Vermögenswerte, stellen Nutzer aber vor Herausforderungen bezüglich Liquidität, Sicherheit und Preisfindung. Erfahren Sie in diesem Kapitel, welche Plattform am besten zu Ihren Bedürfnissen passt und wie Sie die damit verbundenen Chancen und Risiken optimal navigieren.

Die Wahl des richtigen Krypto-Handelsplatzes (CEX, DEX, P2P) hängt von den individuellen Prioritäten ab: Sicherheit vs. Kontrolle, Funktionsumfang vs. Anonymität, Handelsvolumen vs. Flexibilität. Sorgfältige Abwägung der Vor- und Nachteile ist unerlässlich.

Zentralisierte Handelsplätze

Zentralisierte Handelsplätze (CEX) fungieren als Online-Marktplätze für Kryptowährungen, wobei sie als Vermittler zwischen Käufer und Verkäufer auftreten [s11]. Sie ermöglichen den Umtausch von fiatwaehrungen, wie Euro oder US-Dollar, in Kryptowährungen und umgekehrt [s11]. Diese Funktion vereinfacht den Zugang zu digitalen Vermögenswerten für ein breites Publikum. Durch die Bündelung von Angebot und Nachfrage bieten CEX in der Regel eine hohe Liquidität, was schnelle und effiziente Transaktionen ermöglicht [s11]. Ein weiterer Aspekt ist die Erfüllung regulatorischer Anforderungen, die je nach Gerichtsbarkeit variieren können. Diese Regulierung kann das Vertrauen der Nutzer stärken, birgt aber auch höhere Kosten für die Betreiber mit sich [s11]. Neben den Vorteilen bergen CEX auch Risiken. Dazu gehören Sicherheitsrisiken, wie Hacking-Angriffe, die zum Verlust von Nutzergeldern führen können [s11]. Die Zentralisierung der Vermögenswerte auf der Plattform stellt ein attraktives Ziel für Cyberkriminelle dar. Auch finanzielle Fehlverwaltungen seitens des Betreibers können zu Verlusten führen [s11]. Ein zentraler Punkt ist die Notwendigkeit, Vermögenswerte dem CEX anzuvertrauen. Dieser Kontrollverlust erhöht das Risiko von Betrug oder Insolvenz des Anbieters [s11]. Sollte der CEX insolvent werden, können die Nutzer Schwierigkeiten haben, ihre Gelder zurückzuerhalten. CEX bieten zwar eine stabile Handelsumgebung und fortschrittliche technologische Infrastruktur [s12] [s11], doch die damit verbundenen Risiken sollten sorgfältig abgewogen werden. Überlegen Sie, ob Sie beispielsweise einen Teil Ihrer Krypto-Vermögenswerte in einer sicheren Offline-Wallet aufbewahren, um das Risiko von Verlusten durch Plattform-spezifische Probleme zu minimieren. Die strategische Nutzung von Marktschwankungen zur Liquiditätsverbesserung und das Angebot von

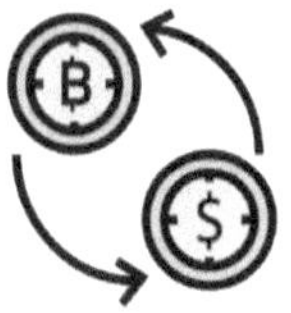

Derivaten und Absicherungsstrategien [s12] sind zwar attraktiv, sollten aber nicht über die grundlegenden Sicherheitsaspekte hinwegtäuschen.

Gut zu wissen

Absicherungsstrategien

Absicherungsstrategien (Hedging) dienen dazu, das Risiko von Verlusten durch Preisänderungen zu minimieren. Händler nutzen verschiedene Instrumente und Techniken, um sich gegen ungünstige Marktbewegungen abzusichern.

Derivate

Derivate sind Finanzinstrumente, deren Wert von einem Basiswert abgeleitet ist, z. B. einer Kryptowährung. Sie ermöglichen es Händlern, auf Preisbewegungen zu spekulieren, ohne den Basiswert selbst zu besitzen. Beispiele für Derivate sind Futures und Optionen.

Liquidität

Liquidität bezieht sich auf die Fähigkeit, einen Vermögenswert schnell und einfach in Bargeld umzuwandeln, ohne den Preis wesentlich zu beeinflussen. Eine hohe Liquidität bedeutet, dass es viele Käufer und Verkäufer gibt und Transaktionen schnell abgewickelt werden können.

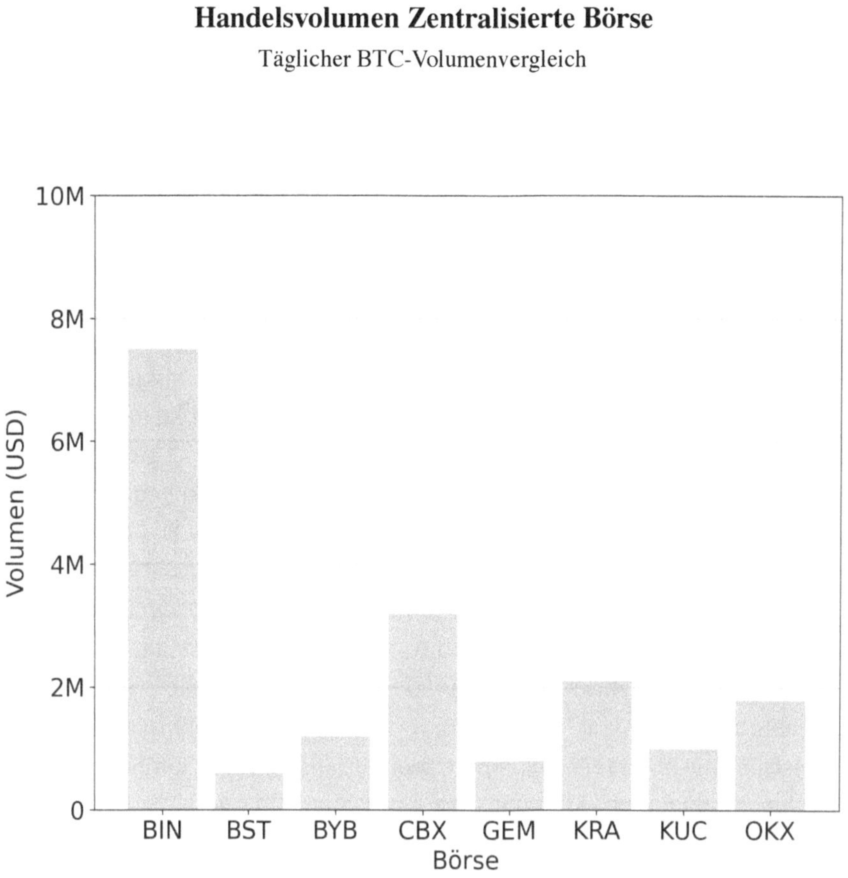

BIN: Binance

BST: Bitstamp

BYB: ByBit

CBX: Coinbase Börse

GEM: Gemini

KRA: Kraken

KUC: KuCoin

OKX: OKX

Binance dominiert das Handelsvolumen, was auf hohe Liquidität und Benutzeraktivität hinweist. Coinbase und Kraken halten ebenfalls einen bedeutenden Marktanteil, während kleinere Börsen wie Gemini und Bitstamp einen kleineren, aber dennoch relevanten Teil der gesamten Bitcoin-Handelslandschaft darstellen. Diese Konzentration unterstreicht die Bedeutung dieser Plattformen für die Preisfindung und Marktstabilität.

Dezentrale Börsen

Dezentrale Börsen (DEX) zielen darauf ab, den Handel mit Kryptowährungen ohne Intermediäre zu ermöglichen. Im Gegensatz zu zentralisierten Plattformen verwalten Nutzer ihre privaten Schlüssel selbst und handeln direkt miteinander [s13]. Das bedeutet, dass keine zentrale Instanz die Gelder oder Daten kontrolliert, was die Anfälligkeit für Hackerangriffe und die Risiken durch eine Insolvenz des Börsenbetreibers reduziert. DEX basieren meist auf Blockchain-Technologie und nutzen smart_contracts, um Transaktionen automatisch und transparent abzuwickeln. Ein Nutzer, der Wert auf die volle Kontrolle über seine digitalen Assets legt, könnte etwa eine DEX für den Handel bevorzugen. Trotz des dezentralen Ansatzes haben einige DEX jedoch traditionelle Intermediationspraktiken übernommen [s13]. Dies kann die Transparenz und Sicherheit, die eigentlich im Vordergrund stehen sollten, beeinträchtigen. Daher ist es ratsam, sich vor der Nutzung einer DEX über deren Architektur und Funktionsweise zu informieren. Regulierungsbehörden prüfen die Einführung von Registrierungspflichten für Intermediäre digitaler Währungen [s13]. Solche Maßnahmen könnten den Anlegerschutz verbessern und die Marktintegrität stärken, gleichzeitig aber auch die dezentrale Natur von DEX beeinflussen. Die Entwicklung dieses regulatorischen Rahmens und seine Auswirkungen auf DEX sollten von Nutzern aufmerksam verfolgt werden. Ein weiterer Aspekt dezentraler Börsen ist die im Vergleich zu CEX oft geringere liquiditaet. Dies kann zu höheren Preisabweichungen und längeren Transaktionszeiten führen. Die Auswahl der passenden Handelsplattform, ob zentralisiert oder dezentral, hängt letztendlich von den individuellen Prioritäten und Bedürfnissen des Nutzers ab – Sicherheit versus Funktionsumfang und Handelsvolumen. Eine sorgfältige Abwägung der jeweiligen Vor- und Nachteile ist daher unerlässlich.

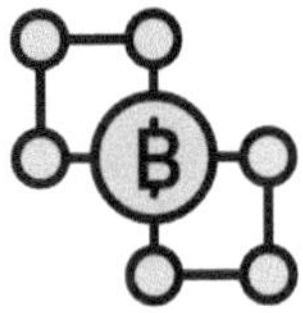

Intermediationspraktiken

Intermediationspraktiken beziehen sich auf die Tätigkeiten von Vermittlern oder Zwischenhändlern in einem Markt. Im Kontext von dezentralen Börsen (DEX) können Intermediationspraktiken die Transparenz und Sicherheit beeinträchtigen, da sie die dezentrale Natur der Plattform untergraben können.

DEX Handelsvolumen Vergleich

Vergleich des täglichen Handelsvolumens auf beliebten DEXs.

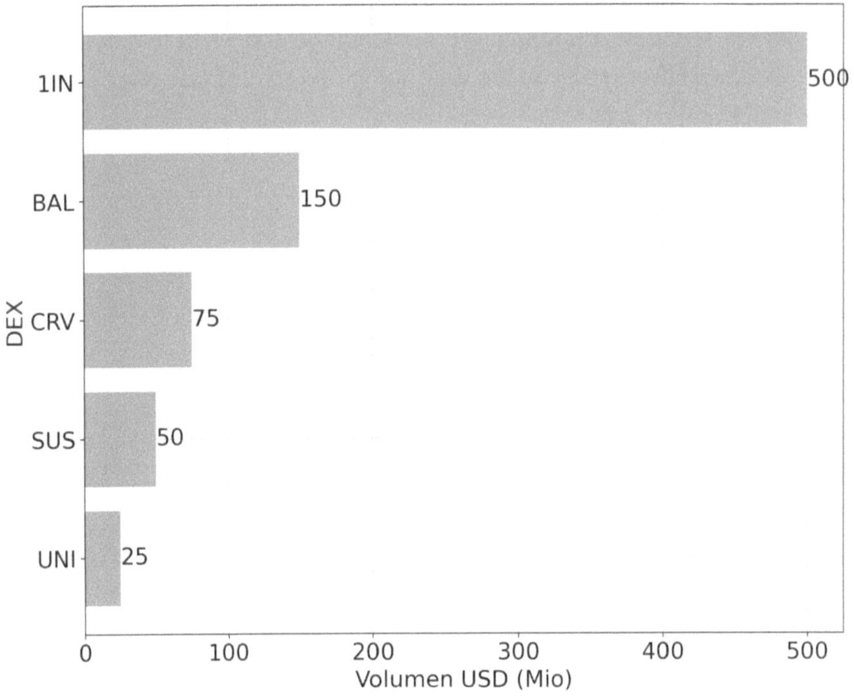

1IN: 1inch
BAL: Balancer
CRV: Curve
SUS: SushiSwap
UNI: Uniswap

Uniswap dominiert die DEX-Landschaft mit einem deutlich höheren Handelsvolumen im Vergleich zu anderen Plattformen. SushiSwap hält eine beachtliche zweite Position, während die übrigen DEXs ein deutlich geringeres Handelsvolumen verzeichnen, was auf einen konzentrierten Marktanteil unter den Top-Playern hindeutet.

Direkthandel

Direkthandel, auch Peer-to-Peer-Handel (P2P) genannt, ermöglicht den Austausch von Kryptowährungen ohne die Beteiligung einer zentralen Instanz wie einer Börse. Käufer und Verkäufer interagieren direkt miteinander, oft über spezielle P2P-Plattformen oder Foren. Diese Plattformen bieten in der Regel Funktionen wie Treuhandservices, um die Transaktionssicherheit zu gewährleisten. Ein Vorteil des Direkthandels ist die größere Kontrolle über die eigenen Vermögenswerte. Die Nutzer verwalten ihre privaten Schlüssel selbst und müssen ihre Kryptowährungen nicht einer dritten Partei anvertrauen. Dies reduziert das Risiko von Verlusten durch Hackerangriffe auf Börsen oder deren Insolvenz. Zudem bietet der Direkthandel oft flexiblere Zahlungsmöglichkeiten. Käufer und Verkäufer können sich auf verschiedene Zahlungsmethoden einigen, von Banküberweisungen über Online-Bezahldienste bis hin zu Bargeld. Dies kann besonders in Regionen mit eingeschränktem Zugang zu traditionellen Finanzdienstleistungen von Vorteil sein. Ein weiterer Aspekt ist die potenzielle Preisgestaltung. Durch direkte Verhandlungen können Käufer und Verkäufer Preise aushandeln, die außerhalb der von Börsen vorgegebenen Spannen liegen. So könnte ein Käufer einen günstigeren Preis erzielen, zu vergleichen mit dem aktuellen Marktpreis auf einer Börse. Dennoch birgt der Direkthandel auch gewisse Risiken. Die Abwesenheit einer zentralen Aufsichtsbehörde erhöht die Gefahr von Betrug. Es ist wichtig, die Reputation des Handelspartners sorgfältig zu prüfen und gegebenenfalls Sicherheitsmaßnahmen wie Treuhanddienste zu nutzen. Auch die Identitätsprüfung der Handelspartner kann komplexer sein als auf regulierten Börsen. Ein weiterer Punkt ist die im Vergleich zu Börsen oft geringere liquiditaet. Das Finden eines passenden Handelspartners mit dem gewünschten Angebot oder der gewünschten Nachfrage kann zeitaufwändig sein. Die Transaktionsgeschwindigkeit hängt zudem von der gewählten Zahlungsmethode und der Bestätigungszeit der jeweiligen Blockchain ab. Schließlich ist die Preisfindung im Direkthandel volatiler. Die

Preise können stärker schwanken als auf etablierten Börsen, da sie direkt von den individuellen Verhandlungen zwischen Käufern und Verkäufern abhängen. Um beispielsweise das Risiko von Betrug zu minimieren, sollten Nutzer auf etablierten P2P-Plattformen mit einem guten Ruf handeln und die Bewertungen anderer Nutzer berücksichtigen. Im Direkthandel existieren verschiedene Handelsmodelle. Dazu gehören: - zentrale P2P-Plattformen, die als Vermittler fungieren und Treuhanddienste anbieten; - dezentrale P2P-Plattformen, die auf Blockchain-Technologie basieren und eine höhere Anonymität bieten; - und direkte Kommunikation zwischen Käufern und Verkäufern über Foren oder soziale Medien, die jedoch ein höheres Betrugsrisiko birgt. Die Wahl des passenden Modells hängt von den individuellen Bedürfnissen und der Risikobereitschaft des Nutzers ab. Es ist ratsam, sich vor dem Einstieg in den Direkthandel gründlich über die verschiedenen Modelle und deren Vor- und Nachteile zu informieren. Direkthandel kann eine attraktive Alternative zu traditionellen Börsen sein, erfordert aber ein höheres Maß an Eigenverantwortung und Risikomanagement. Die sorgfältige Prüfung der Handelspartner, die Nutzung von Sicherheitsmechanismen und ein fundiertes Verständnis der Marktbedingungen sind entscheidend für einen erfolgreichen Direkthandel. Ein Vergleich der Gebühren, der angebotenen Kryptowährungen und der Sicherheitsmaßnahmen verschiedener P2P-Plattformen kann helfen, die passende Plattform für die individuellen Bedürfnisse zu finden.

Gut zu wissen

Treuhandservice

Ein Service, der die Sicherheit von Krypto-Transaktionen erhöht, indem er die Gelder treuhänderisch verwaltet, bis beide Parteien ihre Verpflichtungen erfüllt haben.

Volatilität

Die Volatilität bezieht sich auf die Kursschwankungen einer Kryptowährung. Ein volatiler Markt ist durch starke Preisschwankungen gekennzeichnet.

P2P vs. Börsenhandelsvolumen

Verteilung des Peer-to-Peer- im Vergleich zum zentralisierten Börsenhandelsvolumen.

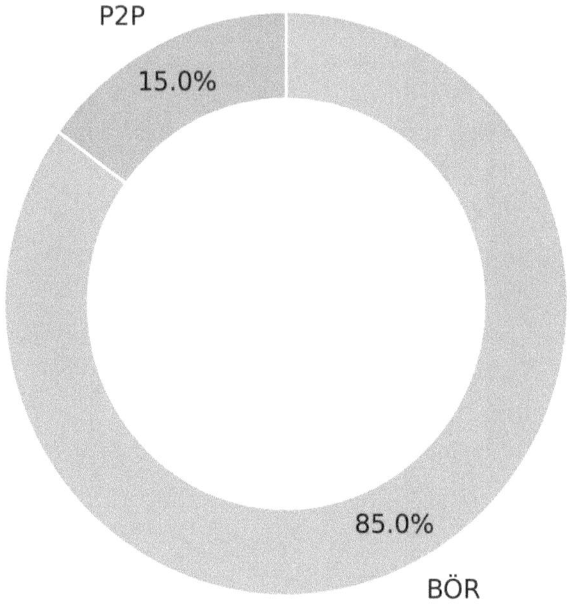

- BÖR: Börsenhandel
- P2P: P2P-Handel

Die Visualisierung zeigt eine signifikante Präferenz für zentralisierte Börsen im Kryptowährungshandel. Dies deutet darauf hin, dass Benutzer die Liquidität, Geschwindigkeit und Funktionen etablierter Plattformen priorisieren. Während P2P potenzielle Vorteile wie Privatsphäre und direkte Kontrolle bietet, deutet der geringere Marktanteil darauf hin, dass es ein Nischensegment bedient oder unter bestimmten Umständen verwendet wird.

Konkrete Ratschläge

- Beobachten Sie die Handelsaktivitäten auf weniger bekannten Börsenplätzen, um frühzeitig neue Trends und Anlagemöglichkeiten zu entdecken.
- Vergleichen Sie die Gebührenstrukturen verschiedener Börsenplätze, insbesondere im Hinblick auf versteckte Kosten wie Auszahlungsgebühren oder Handelsgebühren für geringe Volumina.
- Prüfen Sie die angebotenen Ordertypen auf verschiedenen Börsenplätzen und wählen Sie die Plattform, die Ihren Handelsstrategien am besten entspricht.
- Nutzen Sie die Arbitragemöglichkeiten zwischen verschiedenen Börsenplätzen, um von Preisunterschieden derselben Kryptowährung zu profitieren.
- Achten Sie auf die Sicherheitsmaßnahmen der Börsenplätze, wie Zwei-Faktor-Authentifizierung und Cold Storage und bevorzugen Sie Plattformen mit nachweislich hoher Sicherheit.
- Informieren Sie sich über die Geschichte und Reputation eines Börsenplatzes, bevor Sie ihm Ihr Kapital anvertrauen und recherchieren Sie nach Erfahrungsberichten anderer Nutzer.
- Diversifizieren Sie Ihre Krypto-Vermögenswerte auf mehreren Börsenplätzen, um das Risiko eines Totalverlustes durch einen Hackerangriff oder die Insolvenz einer einzelnen Plattform zu minimieren.
- Beobachten Sie die Liquidität der verschiedenen Handelspaare auf einem Börsenplatz, um sicherzustellen, dass Sie Ihre Positionen jederzeit schnell und effizient kaufen oder verkaufen können.

2. 3 Risikomanagement

Krypto-Handel bietet hohe Gewinnchancen, birgt aber aufgrund der Marktvolatilität erhebliche Risiken. Erfolgreiches Trading erfordert daher ein aktives Risikomanagement, das Verlustbegrenzung, Positionsgrößenbestimmung und Gewinnmitnahme umfasst. Diese Aspekte beeinflussen direkt die Rendite und den Erfolg Ihrer Handelsaktivitäten. Die folgenden Kapitel erläutern Strategien und Methoden, um Ihre Investitionen effektiv zu schützen und Ihre Gewinne zu maximieren. Vom Verständnis der eigenen Risikobereitschaft bis zur Nutzung quantitativer Modelle – hier erhalten Sie das notwendige Wissen, um Ihre Krypto-Investitionen erfolgreich zu steuern. Bereiten Sie sich darauf vor, Ihre Handelsstrategie zu optimieren und die Kontrolle über Ihr Portfolio zu übernehmen.

Erfolgreiches Risikomanagement im Krypto-Handel erfordert eine Kombination aus Verlustbegrenzung, Positionsgrößenbestimmung und Gewinnmitnahmstrategien, die auf die individuelle Risikobereitschaft und Marktbedingungen abgestimmt sind.

Verlustbegrenzung

Verlustbegrenzung im Kryptowährungsmarkt erfordert Strategien, die die inhärente Volatilität dieser Anlageklasse berücksichtigen. Ein wichtiger Aspekt ist die Definition der eigenen Risikobereitschaft. Investieren Sie nur Kapital, dessen Verlust Sie verkraften können [s14]. Dies verhindert emotionale, panikartige Reaktionen auf Kursschwankungen. Für kurzfristige Handelsaktivitäten können spezielle Tools, wie garantierte Stop-Loss-Orders, hilfreich sein, um Verluste zu begrenzen [s14]. So lassen sich bei fallenden Kursen Verluste automatisch minimieren, indem Positionen bei Erreichen eines vorher festgelegten Kurses verkauft werden. Zusätzlich zur individuellen Risikobereitschaft ist ein Verständnis der Marktrisiken unerlässlich. Die Nutzung von quantitativen Modellen kann dabei unterstützen, extreme Verlustszenarien zu berücksichtigen. Ein Ansatz ist die Verwendung des Conditional Value at Risk (CVaR), der sich auf die Bewertung potenzieller Verluste im "worst-case" Szenario konzentriert [s15]. Durch die Integration von Glaubwürdigkeitstheorie und Fuzzy-Variablen in solche Modelle können Unsicherheiten und die Volatilität des Marktes besser abgebildet werden [s15].

diversifikation – also die Verteilung des Kapitals auf verschiedene Kryptowährungen und andere Anlageklassen – reduziert das Gesamtrisiko des Portfolios. Zusätzliche "Boden- und Deckelbeschränkungen" innerhalb des Portfolios sorgen für eine realistische Allokation der einzelnen Anlagen [s15]. So könnte ein Investor beispielsweise festlegen, dass einzelne Positionen maximal 10% und minimal 2% des Gesamtportfolios ausmachen dürfen, um Klumpenrisiken zu vermeiden und gleichzeitig eine ausreichende Diversifikation zu gewährleisten.

Bitcoin-Preis und Stop-Loss-Level

Beispiel für das Auslösen von Stop-Loss-Levels während eines Bitcoin-Preisrückgangs.

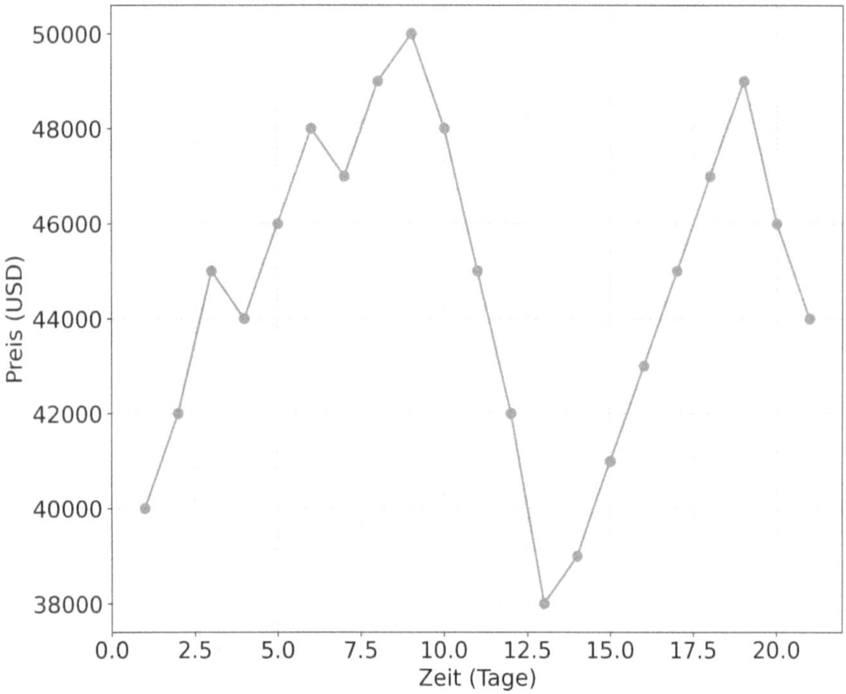

Dieses Diagramm veranschaulicht, wie Stop-Loss-Orders Investitionen während der Marktvolatilität schützen können. Der anfängliche Stop-Loss wird ausgelöst, wenn der Preis fällt, wodurch Verluste begrenzt werden. Ein Trailing-Stop-Loss passt sich dynamisch an Preisschwankungen an, sichert Gewinne, wenn der Preis steigt, wird aber aktiviert, wenn der Preis einen bestimmten Prozentsatz von seinem Höchststand fällt. Stop-Loss-Orders eliminieren zwar nicht das Risiko, können aber potenzielle Verluste erheblich mindern.

Positionsgrößen

Positionsgrößen bestimmen, welcher Anteil Ihres Kapitals in einen einzelnen Vermögenswert, etwa Bitcoin oder Ethereum, investiert wird. Eine durchdachte Positionsbestimmung begrenzt potenzielle Verluste und optimiert die Gesamtrendite. Dabei gilt es, verschiedene Faktoren zu berücksichtigen. Ihre persönliche Risikobereitschaft spielt eine entscheidende Rolle. Sind Sie bereit, höhere Risiken für potenziell höhere Gewinne einzugehen oder bevorzugen Sie eine konservativere Strategie mit geringeren, aber beständigeren Erträgen? Die volatilitaet der jeweiligen Kryptowährung beeinflusst die Positionsgröße ebenfalls. Bei stark schwankenden Kursen ist eine kleinere Position ratsam, um größere Verluste zu vermeiden. Die Korrelation zwischen verschiedenen Kryptowährungen im Portfolio ist ebenfalls zu beachten. Stark korrelierte Werte bewegen sich tendenziell in die gleiche Richtung. Eine zu starke Konzentration auf solche Werte mindert den diversifikationseffekt. [s16] Neben der Risikostreuung über verschiedene Kryptowährungen bietet die Allokation in andere Anlageklassen, wie Aktien oder Anleihen, zusätzliche Stabilität. Ein diversifiziertes Portfolio kann so das Risiko einzelner Anlagen abfedern. Ein praktikabler Ansatz zur Positionsbemessung ist die Festlegung eines maximalen Verlustprozentsatzes pro Trade, etwa 1 % des Gesamtkapitals. Bei einem Portfolio von 10.000 $ und einem maximalen Verlust von 1 % sollte die Positionsgröße so gewählt werden, dass ein Verlust von 100 $ nicht überschritten wird. Dies erfordert die Berechnung des Stop-Loss-Levels, basierend auf der Volatilität des jeweiligen Vermögenswertes.

Gut zu wissen

Stop-Loss-Level

Ein Stop-Loss-Level ist ein vorher festgelegter Preis, bei dem eine Kryptowährung automatisch verkauft wird, um weitere Verluste zu begrenzen. Die Festlegung eines Stop-Loss-Levels ist ein wichtiges Instrument im Risikomanagement, da es hilft, emotionale Entscheidungen im Falle von Kursverlusten zu vermeiden und das Verlustpotenzial zu kontrollieren.

Beispiel Krypto-Portfolioallokation

Illustratives risikomanagiertes Krypto-Portfolio.

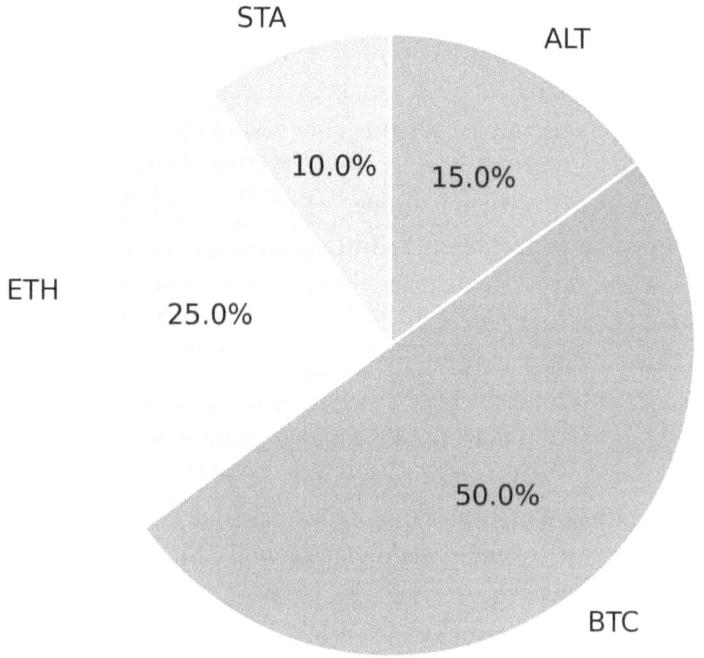

ALT: Altcoins

BTC: Bitcoin

ETH: Ethereum

STA: Stablecoins

Dieses Portfolio betont Diversifizierung und Risikominderung. Die große Bitcoin-Allokation bietet eine Grundlage relativer Stabilität, während Ethereum Zugang zum wachsenden DeFi-Ökosystem bietet. Kleinere Allokationen in vielversprechende Altcoins bieten höhere potenzielle Renditen, bergen aber auch ein erhöhtes Risiko. Der Stablecoin-Anteil bietet Liquidität und einen sicheren Hafen bei Marktvolatilität.

Gewinnmitnahme

Gewinnmitnahme ist ein zentraler Aspekt des erfolgreichen Handels mit Kryptowährungen. Sie dient dazu, erzielte Gewinne zu sichern und das Risiko von Verlusten durch die hohe volatilitaet des Marktes zu minimieren. Eine Strategie zur Gewinnmitnahme sollte auf klaren Regeln basieren und nicht von Emotionen beeinflusst werden. Eine solche Regel könnte das Festlegen eines Gewinnziels sein. So könnte ein Anleger beschließen, eine Position zu verkaufen, sobald ein bestimmter Prozentsatz an Gewinn erreicht ist, z. B. 20 % oder 50 %. [s17] Eine weitere Methode ist die schrittweise Gewinnmitnahme. Hierbei verkauft der Anleger Teile seiner Position in mehreren Schritten, während der Kurs steigt. So sichert er Gewinne in verschiedenen Phasen und reduziert das Risiko, den optimalen Ausstiegszeitpunkt zu verpassen. Neben prozentualen Zielen können auch feste Preispunkte als Auslöser für Gewinnmitnahmen dienen. Diese Preispunkte können basierend auf technischen Analysen oder fundamentalen Bewertungen festgelegt werden. [s18] Die Wahl der passenden Strategie hängt von der individuellen Risikobereitschaft, dem Zeithorizont und den Markterwartungen ab. Wichtig ist, die festgelegte Strategie konsequent umzusetzen und nicht von kurzfristigen Kursschwankungen beeinflussen zu lassen. Disziplin und eine systematische Vorgehensweise sind entscheidend für langfristigen Erfolg im Krypto-Handel. Steuern sollten bei der Gewinnmitnahme ebenfalls berücksichtigt werden. Durch geschickte Planung können Anleger ihre Steuerlast optimieren. So könnten Gewinne, die länger als ein Jahr gehalten wurden, günstiger besteuert werden. [s18] Eine detaillierte Auseinandersetzung mit den steuerlichen Aspekten des Krypto-Handels im jeweiligen Land ist daher ratsam. Durch die Kombination von klaren Gewinnmitnahme-Strategien und steuerlicher Optimierung können Anleger ihre Renditen maximieren und gleichzeitig Risiken effektiv managen.

Gut zu wissen

Fundamentalanalyse

Die Fundamentalanalyse bewertet den inneren Wert einer Kryptowährung, indem sie Faktoren wie die Technologie, das Team, die Akzeptanz und die Marktbedingungen untersucht.

Rendite

Die Rendite ist der Gewinn oder Verlust einer Investition, ausgedrückt als Prozentsatz des investierten Kapitals. Im Zusammenhang mit Kryptowährungen kann die Rendite durch Kursgewinne, Staking-Belohnungen oder andere Einkünfte erzielt werden.

Steueroptimierung

Steueroptimierung bezeichnet Strategien, um die Steuerlast im Rahmen der gesetzlichen Möglichkeiten zu reduzieren. Im Kontext von Kryptowährungen kann dies beispielsweise die Nutzung von Freibeträgen oder die Berücksichtigung von Verlusten umfassen.

Technische Analyse

Die technische Analyse verwendet historische Kursdaten und Chartmuster, um zukünftige Preisbewegungen von Kryptowährungen vorherzusagen und Handelsentscheidungen zu treffen.

Beispiel Bitcoin Gewinnmitnahme-Strategien

Potenzielle Renditen mit verschiedenen GN-Levels

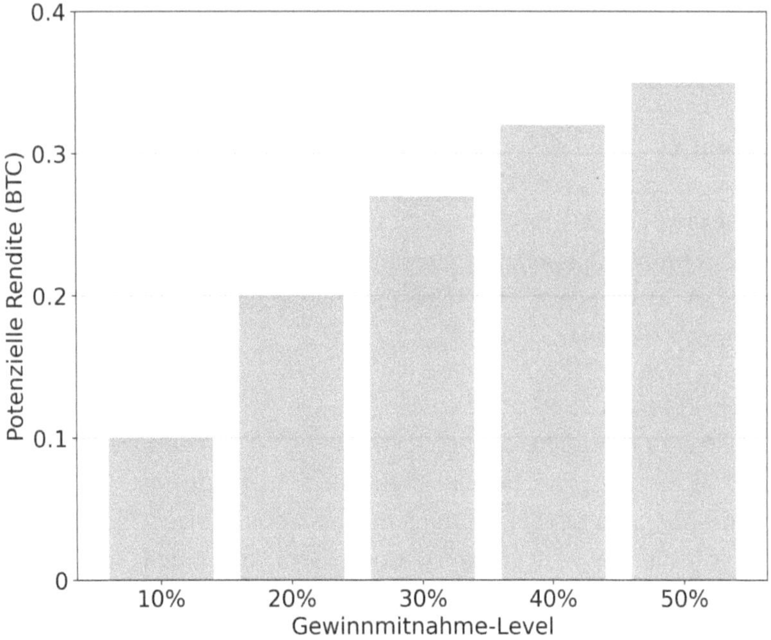

10%: 10% GN

20%: 20% GN

30%: 30% GN

40%: 40% GN

50%: 50% GN

Dieses Diagramm veranschaulicht, wie sich verschiedene Gewinnmitnahme-Level auf die potenziellen Renditen auswirken können. Während ein niedrigerer GN-Level wie 10 % häufigere, kleinere Gewinne bietet, zielen höhere GN-Level wie 50 % auf größere, weniger häufige Gewinne ab. Die optimale Strategie hängt von der individuellen Risikobereitschaft und den Marktbedingungen ab. Ein diversifizierter Ansatz mit gestaffelten Gewinnmitnahme-Levels könnte am effektivsten sein.

Konkrete Ratschläge

- Legen Sie für jede Kryptowährung im Portfolio individuelle Risikogrenzen fest, die auf deren Volatilität und Ihrem persönlichen Risikoprofil basieren.
- Erstellen Sie ein Ampelsystem für Ihr Portfolio, das Ihnen auf Basis von technischen Indikatoren und Marktstimmung frühzeitig Warnsignale liefert.
- Nutzen Sie automatisierte Handelssysteme (Bots), um Ihre Risikomanagement-Strategie konsequent umzusetzen und emotionale Entscheidungen zu vermeiden.
- Definieren Sie einen Notfallplan für extreme Marktsituationen (z.B. "schwarze Schwäne"), der konkrete Handlungsanweisungen für den Schutz Ihres Kapitals enthält.
- Bewerten Sie regelmäßig die Effektivität Ihrer Risikomanagement-Strategie und passen Sie diese an veränderte Marktbedingungen und neue Erkenntnisse an.
- Simulieren Sie Stress-Tests für Ihr Portfolio, um die Auswirkungen von extremen Kurseinbrüchen auf Ihr Gesamtkapital zu analysieren.
- Integrieren Sie "Trailing Stop-Loss Orders", die sich automatisch an steigende Kurse anpassen, um Gewinne zu sichern und gleichzeitig flexibel auf Kursänderungen zu reagieren.
- Setzen Sie sich ein monatliches Verlustlimit und pausieren Sie den Handel, sobald dieses Limit erreicht ist, um über Ihre Strategie zu reflektieren.
- Bilden Sie ein kleines "Experimentier-Portfolio" mit einem geringen Teil Ihres Kapitals, um neue Strategien und Risikomanagement-Tools in der Praxis zu testen.

Rückblick - 2. Krypto-Handel

Der Krypto-Handel bietet faszinierende Möglichkeiten, birgt aber auch erhebliche Risiken. Erfolg im volatilen Krypto-Markt erfordert daher eine durchdachte Strategie und ein fundiertes Verständnis der zugrundeliegenden Mechanismen. Egal, ob Sie langfristig investieren oder kurzfristig traden möchten, die folgenden Überlegungen können Ihnen helfen, Ihre Ziele zu erreichen und gleichzeitig Ihre Verluste zu minimieren.

Ein entscheidender Faktor für jeden Anleger ist die Diversifikation. Verteilen Sie Ihr Kapital auf verschiedene Kryptowährungen mit unterschiedlichen Marktkapitalisierungen und Technologien. Begrenzen Sie Ihr Engagement in einzelnen Positionen, um Klumpenrisiken zu vermeiden und berücksichtigen Sie auch andere Anlageklassen wie Aktien, Anleihen oder Rohstoffe. Denken Sie daran, dass die Korrelation zwischen verschiedenen Vermögenswerten, insbesondere in Krisenzeiten, stark variieren kann. Eine regelmäßige Überprüfung und Anpassung Ihres Portfolios an die aktuellen Marktbedingungen und Ihre Risikobereitschaft ist daher unerlässlich. Überlegen Sie beispielsweise, ob eine dynamische Allokationsstrategie, die die Korrelationen zwischen den Assets berücksichtigt, für Sie sinnvoll sein könnte.

Für kurzfristige Trader ist die Wahl der richtigen Handelsplattform entscheidend. Zentralisierte Börsen (CEX) bieten in der Regel eine hohe Liquidität und einen einfachen Zugang zu verschiedenen Kryptowährungen. Allerdings bergen sie auch Risiken wie Hackerangriffe oder Insolvenz des Betreibers. Dezentrale Börsen (DEX) bieten mehr Kontrolle über Ihre privaten Schlüssel und reduzieren somit das Plattformrisiko, haben aber oft eine geringere Liquidität. Alternativ können Sie auch den Direkthandel (P2P) in Erwägung ziehen, der Ihnen mehr Flexibilität bei den Zahlungsmethoden und der Preisgestaltung bietet, aber auch ein höheres Betrugsrisiko birgt. Wägen Sie die Vor- und Nachteile der verschiedenen Plattformen sorgfältig ab und wählen Sie diejenige, die am besten zu Ihren Bedürfnissen und Ihrer Risikobereitschaft passt. Informieren Sie sich gründlich über die Sicherheitsmaßnahmen und Gebühren der jeweiligen Plattform, bevor Sie Ihr Kapital einsetzen.

Unabhängig von Ihrer Handelsstrategie ist ein effektives Risikomanagement unerlässlich. Definieren Sie Ihre Risikobereitschaft und investieren Sie nur Kapital, dessen Verlust Sie verkraften können. Setzen Sie Stop-Loss-Orders, um Verluste im Falle von starken Kursrückgängen zu begrenzen. Bestimmen Sie Ihre Positionsgrößen sorgfältig und berücksichtigen Sie dabei die Volatilität der jeweiligen Kryptowährung. Entwickeln Sie eine klare Strategie für die Gewinnmitnahme und lassen Sie sich dabei nicht von Emotionen leiten. Denken Sie auch an die steuerlichen Implikationen Ihrer Handelsaktivitäten und optimieren Sie Ihre Strategie entsprechend. Der Krypto-Markt ist komplex und ständig in Bewegung. Kontinuierliche Weiterbildung und die Anpassung Ihrer Strategie an die sich ändernden Marktbedingungen sind daher entscheidend für Ihren langfristigen Erfolg.

Der Krypto-Handel mag herausfordernd sein, aber mit der richtigen Vorbereitung und einer disziplinierten Vorgehensweise können Sie die Chancen dieses dynamischen Marktes nutzen. Informieren Sie sich, entwickeln Sie Ihre eigene Strategie und bleiben Sie stets lernbereit. Der Weg zum Erfolg im Krypto-Handel erfordert Geduld, Ausdauer und ein kontinuierliches Streben nach Verbesserung.

3. Krypto-Mining

Haben Sie sich jemals gefragt, wie neue Bitcoins eigentlich entstehen? Hinter jeder Transaktion und jedem neuen Token steckt ein faszinierender technischer Prozess, der massive Rechenleistung erfordert. Von kleinen Heimrechnern bis zu gewaltigen Rechenzentren arbeiten weltweit Computer rund um die Uhr daran, komplexe mathematische Rätsel zu lösen. Die dafür notwendigen Investitionen und der Energieverbrauch werfen wichtige Fragen zur Nachhaltigkeit und Wirtschaftlichkeit auf. In diesem Kapitel entschlüsseln wir die verborgene Welt des Krypto-Minings - von den technischen Grundlagen bis zur profitablen Umsetzung.

3. 1 Schürfmethoden

Dieser Abschnitt beleuchtet verschiedene Schürfmethoden für Kryptowährungen, von Solo-Mining über Mining-Pools bis hin zu Cloud-Mining. Jede Methode bietet spezifische Vor- und Nachteile hinsichtlich Rentabilität, Risiko und erforderlicher Ressourcen. Die Wahl der richtigen Methode beeinflusst maßgeblich den Erfolg und die Nachhaltigkeit Ihrer Mining-Aktivitäten. Entdecken Sie die optimale Strategie für Ihr individuelles Setup und Ihre finanziellen Ziele.

Die Wahl der Schürfmethode (Solo, Pool, Cloud) hängt von individueller Hashrate, Risikobereitschaft und Kosten ab und beeinflusst Rentabilität und Stabilität der Einnahmen.

Einzelschürfen

Beim Einzelschürfen (Solo-Mining) versucht ein Miner alleine, einen Block in der Blockchain zu finden und die damit verbundene Belohnung zu erhalten. Im Gegensatz zum Mining in einem Pool, wo die Rechenleistung gebündelt und die Belohnungen aufgeteilt werden, behält der Einzelschürfer die gesamte Blockbelohnung für sich. Dies klingt verlockend, birgt aber auch erhebliche Risiken. Die Wahrscheinlichkeit, einen Block zu finden, hängt direkt von der eigenen Hashrate im Vergleich zur gesamten Hashrate des Netzwerks ab. Besitzt ein Miner nur einen geringen Anteil an der globalen Hashrate, sinkt die Chance, einen Block zu finden, drastisch. Das kann dazu führen, dass über lange Zeiträume keine Blöcke gefunden und somit keine Belohnungen ausgeschüttet werden, obwohl die Stromkosten für den Betrieb der Hardware weiterlaufen. Man kann dies mit einem Lotteriespiel vergleichen: Je mehr Lose man besitzt, desto höher die Gewinnchance. Im Bitcoin-Netzwerk entspricht die Hashrate der Anzahl der Lose. Ein Miner mit geringer Hashrate müsste also im Durchschnitt sehr lange warten, bis er einen Block findet. Die Entscheidung für oder gegen Einzelschürfen hängt von verschiedenen Faktoren ab, insbesondere von der eigenen Hashrate und der Risikobereitschaft. Miner mit hoher Hashrate, die über ausreichend finanzielle Reserven verfügen, um längere Perioden ohne Blockbelohnung zu überbrücken, könnten vom Einzelschürfen profitieren. Sie akzeptieren das höhere Risiko im Austausch für die Chance auf die volle Blockbelohnung. Für Miner mit geringer Hashrate ist Einzelschürfen jedoch in den meisten Fällen nicht ratsam. Die langen Wartezeiten zwischen den gefundenen Blöcken machen es schwierig, die Betriebskosten zu decken und einen Gewinn zu erzielen. [s19] Während beim Einzelschürfen die gesamte Blockbelohnung dem Finder zusteht, bieten Mining-Pools eine stetigere, wenn auch geringere, Einnahmequelle. Die Wahl zwischen Pool- und Einzelschürfen

beeinflusst also direkt die Stabilität und Vorhersehbarkeit der Einnahmen. Angriffe wie Block Withholding (BWH) können die Attraktivität von Mining-Pools beeinflussen und somit indirekt auch die Entscheidung für oder gegen Einzelschürfen. Bei einem BWH-Angriff schleust ein Mitglied eines Mining-Pools heimlich Rechenleistung in einen anderen Pool, um dort zusätzliche Belohnungen zu erhalten, ohne zum Erfolg des eigenen Pools beizutragen. Dies kann die Rentabilität des angegriffenen Pools verringern und Miner dazu veranlassen, den Pool zu wechseln oder sogar zum Einzelschürfen überzugehen, obwohl dies für sie langfristig weniger profitabel sein könnte. [s19]

Block Withholding (BWH)

Block Withholding ist eine Angriffsmethode, bei der ein Mitglied eines Mining-Pools heimlich Rechenleistung in einen anderen Pool umleitet, um dort zusätzliche Belohnungen zu erhalten, ohne zum Erfolg des eigenen Pools beizutragen.

Blockbelohnung

Die Blockbelohnung ist die Menge an Kryptowährung, die ein Miner erhält, wenn er einen neuen Block erfolgreich zur Blockchain hinzufügt. Sie dient als Anreiz für Miner, ihre Rechenleistung dem Netzwerk zur Verfügung zu stellen.

Solo-Mining

Beim Solo-Mining (auch Einzelschürfen genannt) versucht ein Miner alleine, Blöcke zu finden, ohne sich einem Mining-Pool anzuschließen. Der Miner behält die gesamte Blockbelohnung, trägt aber auch das gesamte Risiko.

Mining-Pools

Mining-Pools sind Zusammenschlüsse von Minern, die ihre Rechenleistung bündeln, um die Wahrscheinlichkeit zu erhöhen, einen Block zu finden. Die Belohnung wird anteilig entsprechend der beigetragenen Rechenleistung an die Poolmitglieder verteilt.

Geschätzte Hashratenverteilung nach Mining-Methode (Solo)

Vergleich der Hashraten beim Solo-Mining

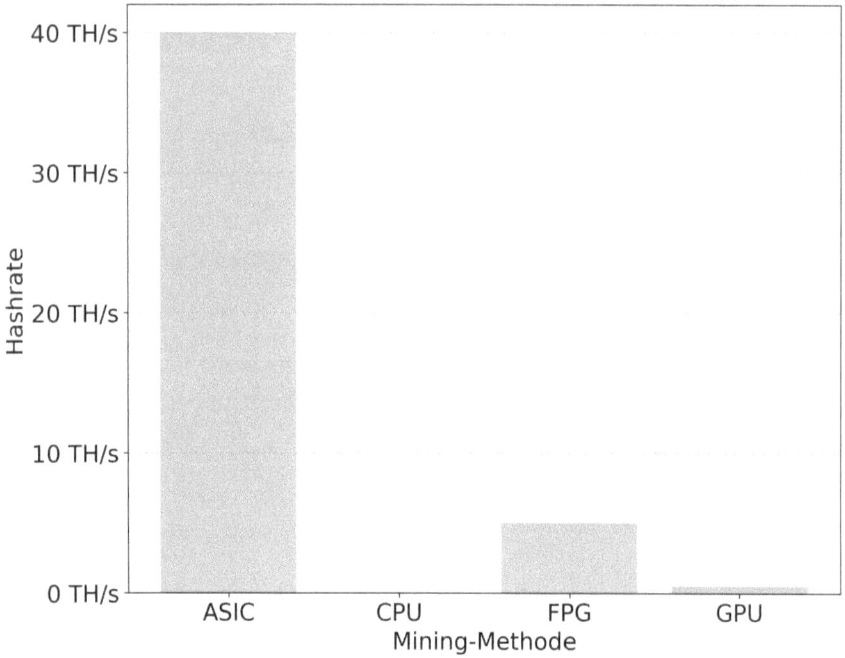

ASIC: ASIC

CPU: CPU

FPG: FPGA

GPU: GPU

CPU-Mining stellt einen vernachlässigbaren Teil der gesamten Hashrate dar, was seine Ineffizienz unterstreicht. GPU-Mining ist zwar leistungsstärker als CPU-Mining, wird aber immer noch deutlich von ASICs in den Schatten gestellt. FPGA-Mining nimmt einen Mittelweg ein und bietet mehr Leistung als GPUs, aber weniger als ASICs. Die Dominanz von ASICs unterstreicht ihr spezialisiertes Design und ihre Effizienz für das Bitcoin-Mining, was sie zur bevorzugten Wahl für ernsthafte Solo-Miner macht.

Schürfgemeinschaften

Miningpools bieten eine Alternative zum Einzelschürfen, indem sie die Rechenleistung mehrerer Miner bündeln. So erhöht sich die Wahrscheinlichkeit, Blöcke zu finden und Belohnungen zu erhalten, die anteilig an die Teilnehmer ausgeschüttet werden. Dieser Ansatz glättet die Einnahmen und macht sie berechenbarer, im Gegensatz zu den sporadischen Erfolgen beim Solo-Mining. Die Größe des Pools beeinflusst dabei direkt die Häufigkeit der Auszahlungen: Ein großer Pool findet häufiger Blöcke, zahlt aber aufgrund der vielen Teilnehmer kleinere Anteile aus, während ein kleiner Pool seltener erfolgreich ist, dann aber höhere individuelle Anteile ausschüttet. Ein Miner, der beispielsweise 100 TH/s Hashrate beisteuert, erhält in einem Pool mit 10.000 TH/s Gesamt-Hashrate einen deutlich geringeren Anteil als in einem Pool mit nur 1.000 TH/s. Die Auswahl eines geeigneten Pools erfordert daher die Abwägung zwischen Auszahlungshäufigkeit und -höhe. Neben der Größe spielen auch die Gebührenstruktur und die Auszahlungsmethode eine wichtige Rolle bei der Poolwahl. So bieten einige Pools verschiedene Auszahlungsmodelle an, die den Einfluss von Glück und Schwankungen auf die Einnahmen minimieren. [s20] Die Konzentration der Mining-Power in wenigen großen Pools kann jedoch den Kryptomarkt beeinflussen. Dominieren wenige Pools das Netzwerk, steigt das Risiko für Preismanipulationen und Angriffe, was die Volatilität von Kryptowährungen erhöht. So können starke Preisschwankungen, wie beispielsweise bei spekulativen Blasen, die Macht großer Pools noch verstärken. [s20] Daher ist eine sorgfältige Poolwahl für die Stabilität des gesamten Krypto-Ökosystems von Bedeutung.

Auszahlungsmodell

Mining-Pools verwenden verschiedene Auszahlungsmodelle, um die Belohnungen unter den Teilnehmern zu verteilen. Diese Modelle berücksichtigen Faktoren wie die beigetragene Hashrate, die Zeit im Pool und den Anteil gefundener Blöcke.

Krypto-Ökosystem

Das Krypto-Ökosystem umfasst alle Aspekte der Kryptowährungen, einschließlich der Technologie, der Marktteilnehmer, der Regulierungen und der Anwendungen.

Preismanipulation

Preismanipulationen im Kryptomarkt sind illegale Versuche, den Preis einer Kryptowährung künstlich zu beeinflussen, z. B. durch koordinierte Käufe oder Verkäufe großer Mengen.

Verteilung der Bitcoin-Mining-Pools

Verteilung der Hashrate der Bitcoin-Mining-Pools.

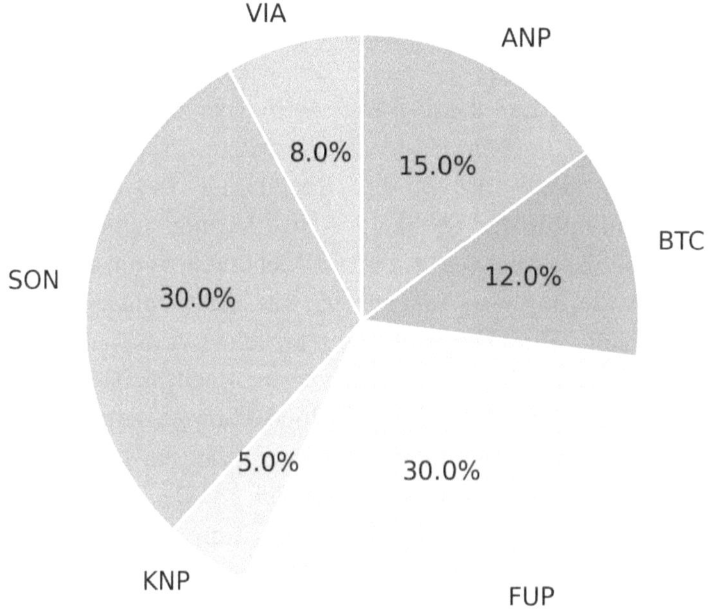

ANP: AntPool
BTC: BTC.com
FUP: Foundry USA Pool
KNP: Knapool
SON: Sonstige Pools
VIA: ViaBTC

Das Kreisdiagramm visualisiert die Wettbewerbslandschaft des Bitcoin-Minings. Einige große Pools kontrollieren einen erheblichen Teil der Hashrate, was auf einen gewissen Grad an Zentralisierung hindeutet. Dies kann zwar für eine stabile Blockproduktion von Vorteil sein, wirft aber auch Bedenken hinsichtlich möglicher 51%-Angriffe und der allgemeinen Gesundheit des dezentralen Netzwerks auf. Kleinere Pools tragen zu einem stärker verteilten Netzwerk bei, ihr individueller Einfluss ist jedoch begrenzt.

Cloud-Mining

Cloud-Mining bietet eine weitere Möglichkeit, am Schürfprozess von Kryptowährungen teilzunehmen, ohne selbst Hardware zu betreiben. Nutzer mieten Rechenleistung von spezialisierten Anbietern und erhalten im Gegenzug Anteile an den geschürften Kryptowährungen. [s21] Dies senkt die Einstiegshürde, da weder der Kauf teurer Hardware noch deren Wartung und der damit verbundene Energieverbrauch anfallen. Stattdessen zahlen Nutzer eine Gebühr für die gemietete Rechenleistung, deren Höhe die Rentabilität des Cloud-Minings maßgeblich beeinflusst. So kann ein Vertrag über 100 TH/s Rechenleistung bei Anbieter A höhere Gebühren verursachen als ein vergleichbarer Vertrag bei Anbieter B, was die potenziellen Gewinne direkt schmälert. Ein Vergleich verschiedener Anbieter hinsichtlich Kosten, Vertragslaufzeiten und angebotener Rechenleistung ist daher unerlässlich. Neben den Kosten birgt Cloud-Mining auch Risiken, unter anderem Betrug durch unseriöse Anbieter, die entweder gar keine Rechenleistung zur Verfügung stellen oder mit falschen Gewinnversprechen locken. Achten Sie auf Transparenz bezüglich der Mining-Farmen und deren Betrieb sowie auf nachvollziehbare Leistungsnachweise. Ein weiterer Aspekt ist die Abhängigkeit vom Anbieter: Kündigt dieser den Vertrag oder stellt den Betrieb ein, entfällt die Möglichkeit zum Minen. [s21] Die Wahl eines etablierten und vertrauenswürdigen Anbieters mit langfristiger Geschäftsausrichtung minimiert dieses Risiko.

Cloud-Mining kann eine interessante Option für Nutzer sein, die ohne große Investitionen in Hardware am Krypto-Mining partizipieren möchten. Eine sorgfältige Analyse der Kosten und Risiken ist jedoch unabdingbar, um die Erfolgsaussichten realistisch einzuschätzen.

Rechenleistung [i12]

Cloud-Mining

Beim Cloud-Mining mietet man Rechenleistung von externen Anbietern, um Kryptowährungen zu schürfen, ohne selbst Hardware zu besitzen. Man beteiligt sich an den geschürften Coins, trägt aber keine Kosten für Hardware, Wartung oder Strom. Die Rentabilität hängt von den Gebühren des Anbieters ab.

Mining-Farmen

Mining-Farmen sind Einrichtungen, die eine große Anzahl von Computern beherbergen, die speziell für das Schürfen von Kryptowährungen konfiguriert sind. Diese Computer arbeiten zusammen, um komplexe mathematische Probleme zu lösen und neue Blöcke zur Blockchain hinzuzufügen.

TH/s

TH/s steht für Tera-Hashes pro Sekunde und ist eine Maßeinheit für die Rechenleistung beim Schürfen von Kryptowährungen. Sie gibt an, wie viele Berechnungen pro Sekunde durchgeführt werden können, um neue Blöcke in der Blockchain zu finden.

Verteilung der Cloud-Mining-Hashrate

Vergleich der von verschiedenen Cloud-Mining-Anbietern angebotenen Hashrate.

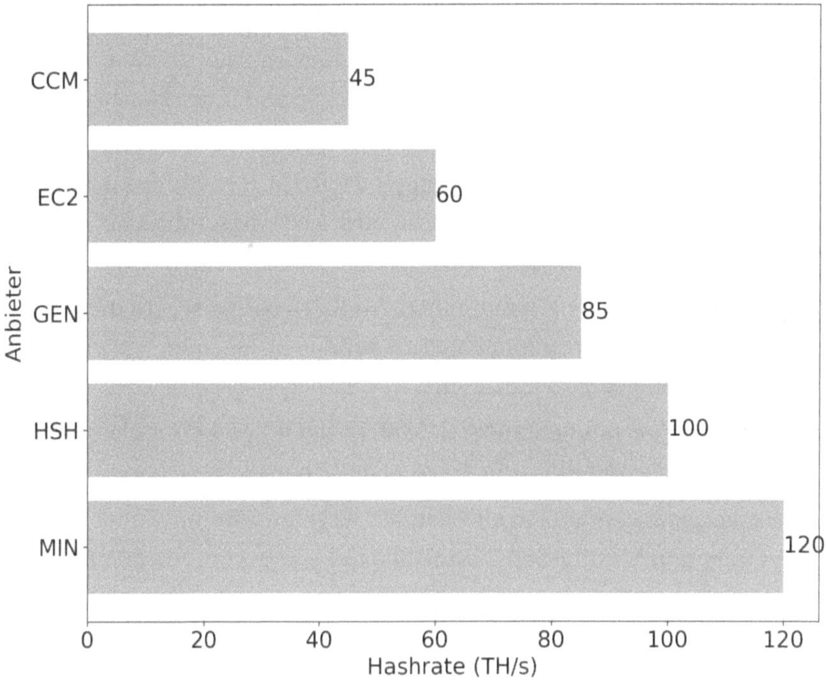

CCM: CloudComp Mining EC2: EC2 Mining

GEN: Genesis Mining HSH: Hashnest

MIN: Minergate

Das Diagramm zeigt signifikante Unterschiede in der Hashrate, die von verschiedenen Cloud-Mining-Anbietern angeboten wird. Die Wahl eines Anbieters mit einer höheren Hashrate kann potenziell zu höheren Mining Belohnungen führen, vorausgesetzt, alle anderen Faktoren wie Gebühren und Betriebszeit sind gleich. Die Abweichung deutet auf mögliche Unterschiede in den Preisen und Vertragsbedingungen hin.

Konkrete Ratschläge

- Verfolgen Sie die Energiepreise in verschiedenen Regionen und optimieren Sie Ihre Schürfstrategie anhand der Stromkosten.
- Experimentieren Sie mit verschiedenen Mining-Softwarelösungen und vergleichen Sie deren Effizienz in Bezug auf Hashrate und Stromverbrauch.
- Bauen Sie sich ein eigenes kleines Mining-Rig aus gebrauchten Grafikkarten auf, um praktische Erfahrungen mit der Hardware und den damit verbundenen Herausforderungen zu sammeln.
- Entwickeln Sie ein Überwachungssystem für Ihre Mining-Hardware, das Sie automatisch über Ausfälle oder Leistungseinbrüche informiert.
- Optimieren Sie die Kühlung Ihrer Mining-Hardware, um die Lebensdauer der Komponenten zu verlängern und den Stromverbrauch zu reduzieren.
- Tauschen Sie sich mit anderen Minern in Online-Foren über Optimierungsmöglichkeiten und neue Schürfmethoden aus.
- Recherchieren Sie nach alternativen Kryptowährungen mit geringerem Mining-Schwierigkeitsgrad und prüfen Sie deren Potenzial.
- Berechnen Sie die Rentabilität verschiedener Schürfmethoden unter Berücksichtigung von Stromkosten, Hardwarekosten und der aktuellen Blockbelohnung.
- Verfolgen Sie die Entwicklung neuer Hardware für Krypto-Mining und bewerten Sie deren Effizienz und Rentabilität im Vergleich zu bestehenden Lösungen.
- Nutzen Sie die Rechenleistung Ihres Heimcomputers für das Mining im Hintergrund, wenn dieser nicht anderweitig genutzt wird (z.B. nachts).

3. 2 Hardware

Vom einfachen Prozessor bis zum spezialisierten ASIC – die Hardwarewahl beeinflusst die Effizienz und Rentabilität des Krypto-Minings maßgeblich. Stromverbrauch, Kühlung und Speicherbandbreite sind ebenso entscheidend wie die Rechenleistung. Die Entwicklung der Mining-Hardware, von CPU über GPU und FPGA bis hin zu ASIC, spiegelt den stetig wachsenden Bedarf nach optimierter Leistung wider. Neben der Auswahl der richtigen Komponenten spielen auch Konfiguration und Optimierung, wie Übertaktung und Unterspannung, eine wichtige Rolle. Der Einfluss des Mining-Algorithmus und die Dynamik des Hardwaremarktes erfordern eine sorgfältige Planung jeder Investition. Entdecken Sie in diesem Kapitel, welche Hardware für Ihre Mining-Ziele am besten geeignet ist und wie Sie maximale Effizienz erreichen.

Die Wahl der Mining-Hardware hängt von verschiedenen Faktoren ab, darunter die zu minende Kryptowährung, das Budget, die langfristigen Ziele und das Verhältnis von Rechenleistung zu Energieverbrauch.

Prozessoren

Prozessoren spielen beim Mining von Kryptowährungen eine entscheidende Rolle. Anfangs nutzte man CPUs, doch deren hoher Energieverbrauch und vergleichsweise geringe Rechenleistung limitierten die Effizienz. [s22] Grafikkarten (GPUs) boten durch ihre parallele Verarbeitungsfähigkeit und dedizierten Speicher eine deutliche Verbesserung. [s22] Um die Leistung von GPUs weiter zu optimieren, kamen Techniken wie Übertaktung, also die Erhöhung der Taktraten über die Herstellerspezifikationen und Unterspannung, die Reduzierung der Versorgungsspannung, zum Einsatz. [s22] Übertaktung steigert die Rechenleistung, erhöht aber auch den Energieverbrauch und die Wärmeentwicklung. Unterspannung hingegen senkt den Energieverbrauch, idealerweise ohne große Leistungseinbußen. Eine Kombination aus Übertaktung und Unterspannung kann so die Mining-Effizienz verbessern und gleichzeitig die Energiekosten reduzieren. [s22] Dieser Bedarf an Optimierung verdeutlicht die Bedeutung des Verhältnisses von Rechenleistung zu Energieverbrauch, welches bei der Auswahl von Hardware stets berücksichtigt werden sollte. Die Entwicklung der Mining-Hardware lässt sich in vier Generationen einteilen: CPU, GPU, FPGA (Field Programmable Gate Array) und ASIC (Application

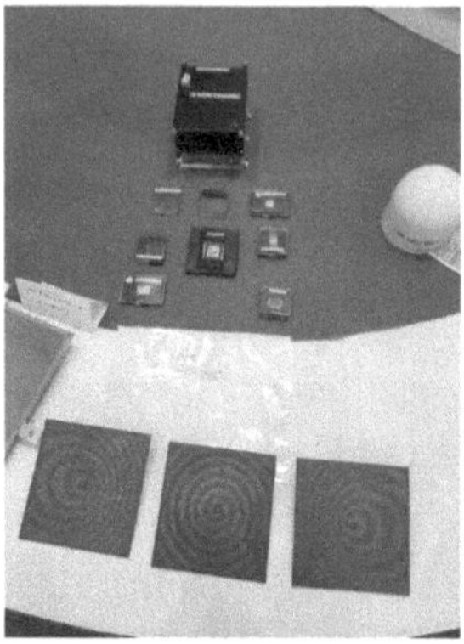

Application Specific Integrated Circuit [i13]

Grafikkarte [i14]

Specific Integrated Circuit). [s23] Jede Generation brachte eine Steigerung der Hash-Rate, also der Rechengeschwindigkeit beim Mining, mit sich, aber auch Veränderungen im Energieverbrauch. [s23] So begann das Mining 2009 mit CPUs, gefolgt von GPUs ab September 2010. [s23] FPGAs kamen um Dezember 2011 auf und boten erstmals speziell für das Mining entwickelte Hardware. [s23] Schließlich, ab 2013, dominierten ASICs den Markt, da sie durch ihre maßgeschneiderte Architektur eine deutlich höhere Hash-Rate erreichten. [s23] Während Hash-Rate und Anschaffungskosten der Hardware stiegen, sanken die Kosten pro generierter Hash-Einheit. [s23] Die steigende Komplexität und der Wettbewerb im Mining führten zur Bildung von miningpools, in denen Miner ihre Ressourcen bündeln, um die Chancen auf Mining-Erfolge zu erhöhen. [s22] [s23] Wer heute mit dem Gedanken spielt, in Mining-Hardware zu investieren, sollte die aktuellen Entwicklungen und die Rentabilität verschiedener Hardware-Optionen sorgfältig prüfen, da sich die Landschaft stetig verändert.

Gut zu wissen

Unterspannung

Die Reduzierung der Versorgungsspannung einer Hardwarekomponente, um den Energieverbrauch zu senken. Im Idealfall geschieht dies ohne signifikante Leistungseinbußen und kann in Kombination mit Übertaktung die Mining-Effizienz verbessern.

Prozessor-Effizienz für Crypto-Mining

Preis, Leistung und Effizienz gängiger Krypto-Mining-Prozessoren.

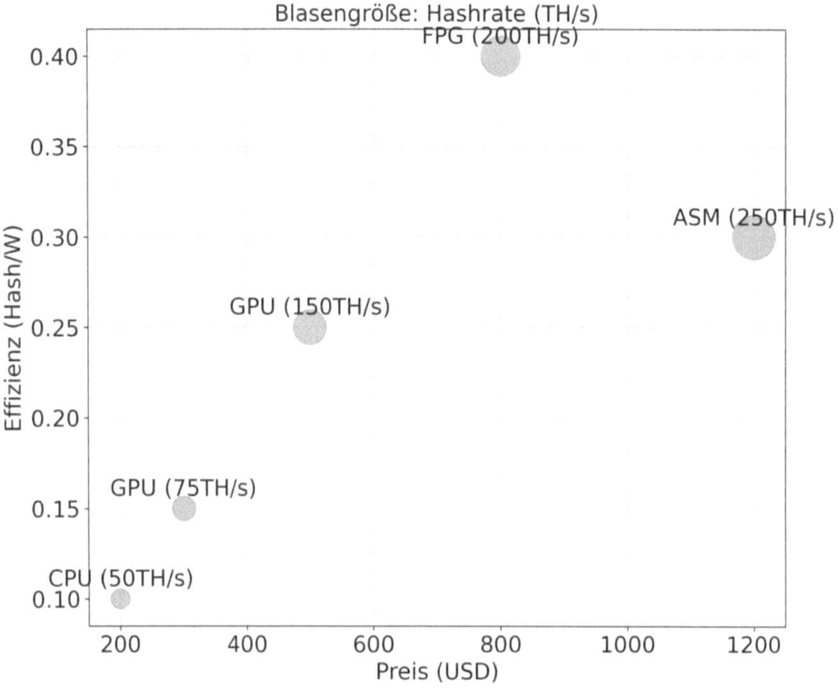

Blasengröße: Hashrate (TH/s)

ASM: ASIC-Miner

CPU: Einstiegs-CPU

FPG: FPGA-Miner

GPU: Mittelklasse-GPU

Hochleistungsprozessoren sind in der Regel teurer. Einige Prozessoren bieten jedoch ein gutes Verhältnis zwischen Leistung und Preis, wodurch sie ideal für Miner sind, die auf Kosteneffizienz achten. Prozessoren mit größeren Blasen bieten höhere Hashraten, was auf eine bessere Mining-Leistung hinweist. Miner sollten die Kompromisse zwischen Preis, Leistung und Effizienz berücksichtigen, um die Rentabilität zu maximieren.

Grafikkarten

Speicherbandbreite [i16]

Grafikkarten (GPUs) waren nach CPUs die zweite Generation von Hardware, die für das Mining von Kryptowährungen eingesetzt wurde und boten durch ihre Architektur entscheidende Vorteile. Im Gegensatz zu CPUs, die für allgemeine Rechenaufgaben optimiert sind, zeichnen sich GPUs durch eine hohe Anzahl an Rechenkernen aus, die parallel arbeiten können. Diese parallele Verarbeitungsfähigkeit ist ideal für die beim Mining benötigten Berechnungen, die sich oft wiederholen und gleichzeitig ausgeführt werden können. Ein weiterer Vorteil von GPUs ist ihr dedizierter Speicher, der den schnellen Zugriff auf die für die Berechnungen benötigten Daten ermöglicht. Die Auswahl der passenden GPU ist jedoch komplexer als die reine Betrachtung der Rechenleistung. Faktoren wie der Stromverbrauch, die Kühlung und die Speicherbandbreite spielen ebenfalls eine entscheidende Rolle für die Effizienz und Rentabilität des Minings. Ein Miner, der beispielsweise eine GPU mit hoher Rechenleistung, aber auch hohem Stromverbrauch wählt, könnte am Ende weniger Gewinn erzielen als jemand mit einer energieeffizienteren Karte. Daher ist es ratsam, vor dem Kauf einer GPU verschiedene Modelle zu vergleichen und deren Leistungsdaten im Verhältnis zum Energieverbrauch zu bewerten. Neben der Auswahl der richtigen Hardware ist auch die Konfiguration der GPU wichtig, um die optimale Leistung zu erzielen. Dazu gehören unter anderem die Anpassung der Taktraten und der Lüftergeschwindigkeit sowie die Überwachung der Temperatur. Werden diese Parameter nicht korrekt eingestellt, kann dies zu einer verminderten Leistung oder sogar zu Schäden an der Hardware führen. Ein wichtiger Aspekt bei der

Auswahl einer GPU ist auch die Verfügbarkeit und der Preis. Die Nachfrage nach leistungsstarken GPUs kann stark schwanken, was zu Preissteigerungen und Lieferengpässen führen kann. Daher ist es empfehlenswert, den Markt regelmäßig zu beobachten und gegebenenfalls auf alternative Modelle auszuweichen. Auch der Wiederverkaufswert der GPU sollte bei der Kaufentscheidung berücksichtigt werden, da sich die Technologie im Mining-Bereich schnell weiterentwickelt und ältere Modelle schnell an Wert verlieren können. Ein weiterer Faktor, der die Wahl der GPU beeinflusst, ist der jeweilige Mining-Algorithmus der Kryptowährung. Nicht alle Algorithmen lassen sich gleichermaßen gut mit jeder GPU berechnen, Manche Algorithmen bevorzugen GPUs mit hoher Rechenleistung, während andere eher auf die Speicherbandbreite angewiesen sind. Daher sollte man sich vor dem Kauf einer GPU informieren, welcher Algorithmus für die gewünschte Kryptowährung verwendet wird und welche GPUs dafür am besten geeignet sind. Durch die Berücksichtigung all dieser Faktoren kann ein Miner die optimale GPU für seine Bedürfnisse auswählen und die Effizienz und Rentabilität seines Mining-Betriebs maximieren.

Rechenkern [i15]

Gut zu wissen

CPU

CPUs (Central Processing Units) sind die Hauptprozessoren von Computern und wurden in der Anfangszeit für das Mining von Kryptowährungen verwendet, bevor GPUs aufgrund ihrer parallelen Verarbeitungsfähigkeit effizienter wurden.

Lüftergeschwindigkeit

Die Geschwindigkeit, mit der die Lüfter der GPU drehen, um die entstehende Wärme abzuführen. Eine ausreichende Kühlung ist wichtig, um Schäden an der Hardware zu vermeiden.

Mining-Algorithmus

Ein Satz von Regeln und Berechnungen, die verwendet werden, um neue Blöcke in der Blockchain einer Kryptowährung zu erstellen und Transaktionen zu verifizieren. Verschiedene Kryptowährungen verwenden unterschiedliche Algorithmen, die unterschiedliche Hardware bevorzugen.

Parallele Verarbeitungsfähigkeit

Die Fähigkeit einer GPU, viele Berechnungen gleichzeitig durchzuführen. Dies ist entscheidend für das Mining, da die benötigten Berechnungen oft wiederholt und parallel ausgeführt werden können.

Rechenkern

Rechenkerne sind die einzelnen Verarbeitungseinheiten innerhalb einer CPU oder GPU. Je mehr Rechenkerne eine GPU hat, desto mehr parallele Berechnungen kann sie durchführen, was die Mining-Geschwindigkeit erhöht.

GPU-Mining-Leistung (MH/s)

Relative Ethereum-Hashrate

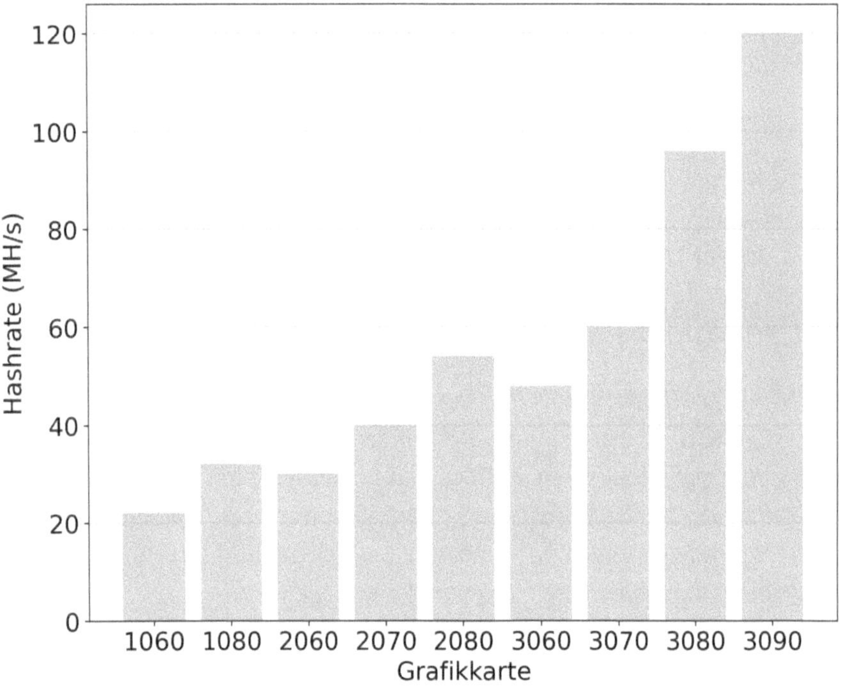

1060: GTX 1060 6GB

1080: GTX 1080

2060: RTX 2060

2070: RTX 2070

2080: RTX 2080 Ti

3060: RTX 3060

3070: RTX 3070

3080: RTX 3080

3090: RTX 3090

Das Diagramm hebt die erheblichen Leistungsunterschiede zwischen verschiedenen GPUs für das Ethereum-Mining hervor. Die RTX 3090 weist die höchste Hashrate auf, was sie zu einer wünschenswerten Wahl für Miner macht. Umgekehrt bieten ältere Modelle wie die GTX 1060 eine erheblich geringere Leistung. Diese Daten unterstreichen die Bedeutung der GPU-Auswahl für die Rentabilität des Minings.

Spezialhardware

Spezialhardware für das Mining von Kryptowährungen geht über die Verwendung herkömmlicher Prozessoren und Grafikkarten hinaus und umfasst dedizierte Geräte, die speziell für diese Aufgabe entwickelt wurden. Diese als ASICs (Application-Specific Integrated Circuits) bezeichneten Einheiten bieten eine deutlich höhere Hashrate und Energieeffizienz im Vergleich zu universeller Hardware. Ein ASIC ist auf einen bestimmten miningalgorithmus zugeschnitten, wodurch er deutlich schneller Berechnungen durchführen kann als eine GPU, die für ein breiteres Aufgabenspektrum konzipiert ist. Diese Spezialisierung führt zu einem erheblichen Vorteil bei der Geschwindigkeit und dem Energieverbrauch, was sich direkt auf die Rentabilität des Minings auswirkt. Ein auf den SHA-256-Algorithmus von Bitcoin optimierter ASIC kann beispielsweise Millionenfach schneller hashen als eine High-End-Grafikkarte, bei gleichzeitig geringerem Stromverbrauch pro generierter Hash-Einheit. Allerdings birgt die Spezialisierung auch Nachteile. ASICs sind in der Regel teurer in der Anschaffung und weniger flexibel einsetzbar. Ändert sich der Mining-Algorithmus einer Kryptowährung, wird der ASIC möglicherweise obsolet. Zudem konzentriert sich die Rechenleistung durch den Einsatz von ASICs oft in großen miningfarmen, was die Dezentralität des Netzwerks beeinflussen kann. Neben ASICs existieren auch FPGAs (Field Programmable Gate Arrays), eine Art Zwischenstufe zwischen universeller Hardware und ASICs. FPGAs lassen sich für verschiedene Mining-Algorithmen konfigurieren und bieten somit mehr Flexibilität als ASICs, erreichen aber nicht deren Leistung. Die Wahl der geeigneten Spezialhardware hängt von verschiedenen Faktoren ab, darunter die zu minende Kryptowährung, das Budget und die langfristigen Ziele. Eine sorgfältige Analyse des Marktes und der jeweiligen Algorithmen ist unerlässlich, bevor in Spezialhardware investiert wird. Die Kombination von

Übertaktung und unterspannung kann die Mining-Effizienz von grafischen Verarbeitungseinheiten stark verbessern und die Rentabilität steigern, wie Studien zeigen. Diese Optimierungstechniken sind jedoch mit Vorsicht anzuwenden, da sie die Hardware belasten und zu Schäden führen können, wenn sie nicht korrekt durchgeführt werden. Eine fundierte Kenntnis der eigenen Hardware und ihrer Grenzen ist daher unerlässlich.

Hashraten-Effizienz im Zeitverlauf

Verbesserung der Hashraten-Effizienz von spezialisierter Mining-Hardware.

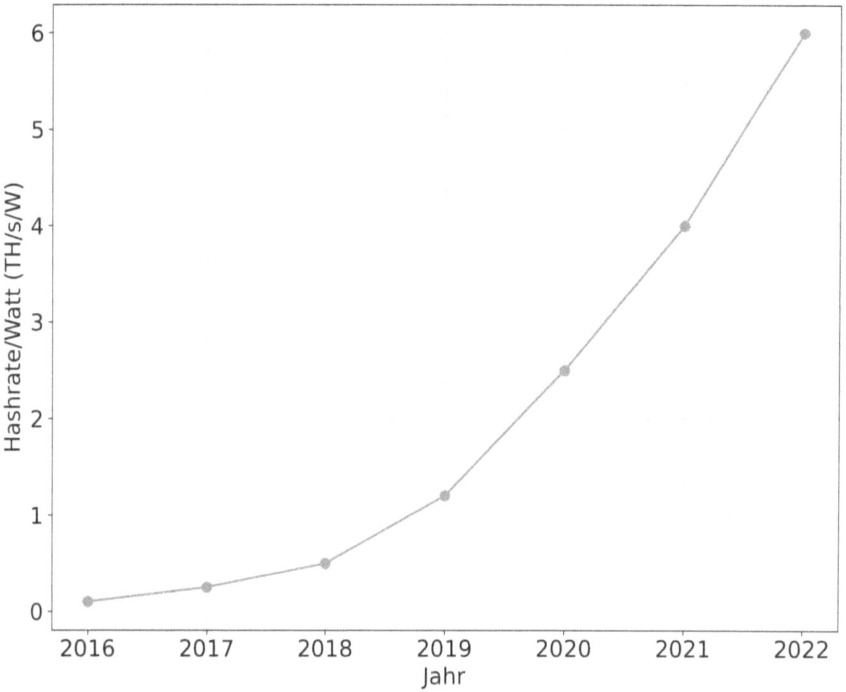

Das Diagramm zeigt eine stetige Zunahme der Hashraten-Effizienz im Laufe der Zeit. Dies deutet auf technologische Fortschritte und Optimierungen bei spezialisierter Hardware für das Kryptowährungs-Mining hin, die zu mehr Hashes pro verbrauchter Energieeinheit führen. Dieser Trend könnte auf eine erhöhte Rentabilität für Miner und einen potenziellen Einfluss auf die gesamte Netzwerk-Hashrate hindeuten.

Konkrete Ratschläge

- Konfigurieren Sie Ihre Mining-Hardware für den Betrieb im niedrigen Energiemodus, um den Stromverbrauch zu senken und die Lebensdauer der Komponenten zu erhöhen.
- Erforschen Sie Möglichkeiten zur Wiederverwendung der Abwärme Ihrer Mining-Hardware, beispielsweise zum Heizen von Räumen oder Wasser.
- Experimentieren Sie mit dynamischer Taktung und Spannungssteuerung, um die Leistung Ihrer Hardware an die aktuellen Mining-Bedingungen anzupassen.
- Entwickeln Sie ein System zur automatisierten Anpassung der Mining-Parameter basierend auf der Netzwerkauslastung und dem Schwierigkeitsgrad.
- Bauen Sie redundante Systeme auf, um Ausfallzeiten Ihrer Mining-Hardware zu minimieren und die kontinuierliche Schürfleistung zu gewährleisten.
- Prüfen Sie den Einsatz von Flüssigkeitskühlung für Ihre Mining-Hardware, um eine effizientere Wärmeableitung und höhere Übertaktungspotenziale zu erreichen.
- Recherchieren Sie nach spezialisierten Anbietern von Mining-Hardware mit optimierten BIOS-Versionen und Garantieleistungen für den Dauerbetrieb.
- Vergleichen Sie die Effizienz verschiedener Netzteile in Bezug auf den Wirkungsgrad und die Stabilität der Stromversorgung für Ihre Mining-Hardware.
- Optimieren Sie die Luftzirkulation in Ihrem Mining-Raum, um eine gleichmäßige Kühlung aller Komponenten zu gewährleisten und Hotspots zu vermeiden.
- Setzen Sie auf modulare Mining-Rigs, die eine flexible Erweiterung und Anpassung an zukünftige Hardware-Generationen ermöglichen.

3. 3 Wirtschaftlichkeit

Krypto-Mining verspricht Gewinne, birgt aber komplexe Herausforderungen. Energiekosten, Hardwarewartung und steuerliche Aspekte beeinflussen die Rentabilität maßgeblich. Von der Hardware-Effizienz über regionale Strompreise bis hin zur Abwärmenutzung – jeder Faktor spielt eine Rolle. Die Berechnung der tatsächlichen Rendite erfordert mehr als eine simple Gewinn- und Verlustrechnung. Neben den laufenden Kosten müssen auch Kapitalerträge, Abschreibungen und weitere steuerliche Implikationen berücksichtigt werden. Nur ein ganzheitlicher Blick gewährleistet fundierte Investitionsentscheidungen. Bereiten Sie sich darauf vor, die entscheidenden Faktoren für profitables Krypto-Mining zu verstehen und Ihre Erfolgschancen zu maximieren.

Die Rentabilität des Krypto-Minings hängt nicht nur von den Erlösen und den direkten Kosten für Strom und Hardware ab, sondern wird von einer Vielzahl von Faktoren beeinflusst, darunter indirekte Energiekosten (Kühlung, Infrastruktur), Wartungsaufwand (Instandhaltung, Software), Steuern und lokale Gegebenheiten (Strompreise, Klima). Eine ganzheitliche Kosten-Nutzen-Analyse, die alle diese Aspekte berücksichtigt, ist entscheidend für eine realistische Bewertung der Wirtschaftlichkeit.

Energiekosten

Energiekosten spielen beim Krypto-Mining eine entscheidende Rolle, beeinflussen die Profitabilität und sollten daher von Anlegern sorgfältig geprüft werden. Der Stromverbrauch für den Betrieb der Mining-Hardware, insbesondere bei Proof-of-Work-Mechanismen wie bei Bitcoin, kann beträchtlich sein. Diese Kosten hängen von verschiedenen Faktoren ab, darunter der Strompreis in der Region, die Effizienz der Mining-Hardware und die Schwierigkeit des Minings. So können Miner in Regionen mit niedrigen Strompreisen, wie beispielsweise einigen Teilen Nordamerikas oder Zentralasiens, einen Kostenvorteil gegenüber Minern in Regionen mit hohen Energiekosten haben. [s24] Die ständige Optimierung der Hardware auf Energieeffizienz ist daher ein wichtiger Aspekt für Miner, um wettbewerbsfähig zu bleiben. Neuere Mining-Rigs bieten oft ein besseres Verhältnis von Rechenleistung zu Stromverbrauch, was zu niedrigeren Betriebskosten führt. Neben den direkten Stromkosten für den Betrieb der Mining-Hardware sollten auch indirekte Energiekosten berücksichtigt werden. Dazu gehören die Kühlung der Hardware, insbesondere in wärmeren Klimazonen, sowie die Energieversorgung der Infrastruktur, die für den Betrieb der Mining-Farmen benötigt wird. In heißen Regionen kann die Kühlung einen erheblichen Anteil der Gesamtenergiekosten ausmachen. Eine effektive Kühlung ist jedoch unerlässlich, um die Lebensdauer der Hardware zu gewährleisten und Ausfälle zu vermeiden.

Eine innovative Möglichkeit, die Energiekosten des Minings zu senken und gleichzeitig einen zusätzlichen Nutzen zu generieren, ist die Nutzung der Abwärme. Die beim Mining entstehende Wärme kann beispielsweise zur Beheizung von Gewächshäusern verwendet werden. In der Landwirtschaft machen die Heizkosten, insbesondere für Erdgas, zwischen 10% und 35% der Gesamtkosten aus. [s24] Durch die Nutzung der Abwärme von Mining-Hardware können diese Kosten reduziert und gleichzeitig die Produktivität der Gewächshäuser, durch eine mögliche Vergrößerung der Anbaufläche, gesteigert werden. [s24] Die Rentabilität dieses Ansatzes hängt von Faktoren wie den Stromkosten für das Mining und dem Marktpreis der Kryptowährung ab. [s24] In Regionen mit niedrigen Strompreisen und hohen Kryptowährungspreisen ist die Kombination von Mining und Gewächshausbeheizung besonders attraktiv. So können Miner nicht nur ihre Energiekosten senken, sondern auch durch den Verkauf der landwirtschaftlichen Produkte zusätzliche Einnahmen generieren. Eine sorgfältige Analyse der lokalen Bedingungen, wie Strompreise, Klima und Marktpreise für landwirtschaftliche Produkte, ist entscheidend, um die Wirtschaftlichkeit dieses Ansatzes zu bewerten.

Gewächshaus [i17]

Gut zu wissen

Mining-Hardware

Spezialisierte Computerhardware, die für das Mining von Kryptowährungen entwickelt wurde. Diese Hardware ist in der Regel mit leistungsstarken Prozessoren oder Grafikkarten ausgestattet, um die komplexen Berechnungen durchzuführen, die für das Mining erforderlich sind.

Profitabilität

Die Profitabilität beim Krypto-Mining hängt stark von den Energiekosten, der Effizienz der Hardware und dem aktuellen Marktpreis der Kryptowährung ab. Eine detaillierte Kosten-Nutzen-Analyse ist unerlässlich, um die Rentabilität des Minings zu bewerten.

Proof-of-Work

Ein Proof-of-Work-Mechanismus ist ein Verfahren, das verwendet wird, um die Gültigkeit von Transaktionen in einem Blockchain-Netzwerk zu bestätigen und Doppelausgaben zu verhindern. Miner müssen komplexe mathematische Probleme lösen, um neue Blöcke zur Blockchain hinzuzufügen und dafür belohnt zu werden.

Rentabilität

Die Rentabilität des Minings wird durch die Differenz zwischen den Einnahmen aus dem Mining (Wert der geschürften Kryptowährung und Transaktionsgebühren) und den Kosten des Minings (Energiekosten, Hardwarekosten, Wartungskosten) bestimmt.

Stromkosten für Bitcoin-Mining

Vergleich der Stromkosten für Bitcoin-Mining in verschiedenen Regionen.

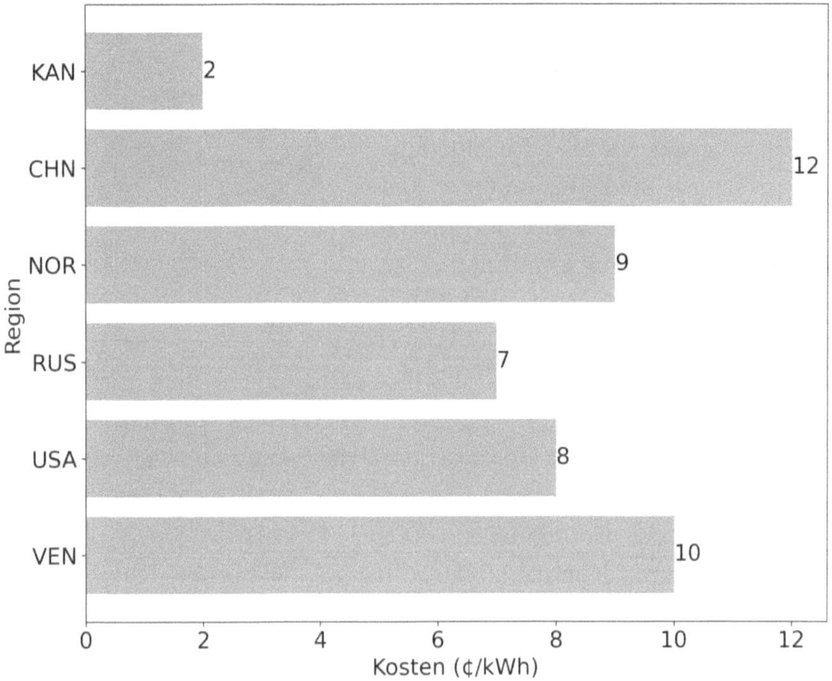

CHN: China

NOR: Norwegen

USA: USA

KAN: Kanada

RUS: Russland

VEN: Venezuela

Das horizontale Balkendiagramm veranschaulicht die erheblichen Unterschiede bei den Stromkosten für Bitcoin-Mining in verschiedenen Regionen. Regionen mit niedrigeren Kosten sind potenziell profitabler für Miner, während Regionen mit höheren Kosten möglicherweise eine geringere Rentabilität aufweisen. Dies unterstreicht die Bedeutung des Standorts für die wirtschaftliche Rentabilität von Bitcoin-Mining-Operationen.

Wartungsaufwand

Wartungsaufwand im Krypto-Mining umfasst neben den Energiekosten weitere Faktoren, die die rentabilitaet beeinflussen. Die Instandhaltung der Mining-Hardware ist ein laufender Prozess. Regelmäßige Überprüfungen und Reparaturen sind notwendig, um die Geräte am Laufen zu halten und Ausfallzeiten zu minimieren. Verschleißteile wie Lüfter müssen gelegentlich ausgetauscht werden. Die Kosten für Ersatzteile und den Arbeitsaufwand für die Instandhaltung sollten einkalkuliert werden. Software-Updates sind ebenfalls Teil des Wartungsaufwands. Mining-Software und Firmware der Hardware müssen regelmäßig aktualisiert werden, um die Leistung zu optimieren und Sicherheitslücken zu schließen. Dieser Prozess erfordert Zeit und Fachwissen, um Kompatibilitätsprobleme zu vermeiden. Ein gut geplanter Wartungsplan, der regelmäßige Überprüfungen, rechtzeitigen Austausch von Verschleißteilen und Software-Aktualisierungen beinhaltet, kann dazu beitragen, die Lebensdauer der Hardware zu verlängern und die Effizienz des Mining-Betriebs zu maximieren. Darüber hinaus können die Kosten für die Infrastruktur, die das Mining-System unterstützt, wie Server, Netzwerkgeräte und Kühlsysteme, ebenfalls als Teil des Wartungsaufwands betrachtet werden. [s25] Diese Infrastrukturkomponenten benötigen ebenfalls regelmäßige Wartung und Reparaturen. Eine schlecht gewartete Infrastruktur kann zu Systemausfällen und Datenverlusten führen. Daher ist eine zuverlässige und gut gewartete Infrastruktur entscheidend für einen stabilen und profitablen Mining-

Kühlsystem [i19]

Betrieb. Unter anderem kann die Einrichtung eines redundanten Systems, bei dem kritische Komponenten doppelt vorhanden sind, die Ausfallzeiten minimieren und die Betriebssicherheit erhöhen.

Firmware [i18]

Netzwerkgerät [i20]

Infrastruktur

Infrastruktur im Mining-Kontext umfasst alle unterstützenden Systeme und Einrichtungen, die für den Betrieb der Mining-Hardware notwendig sind. Dazu gehören Stromversorgung, Netzwerkverbindungen, Kühlung und Server. Eine stabile und effiziente Infrastruktur ist entscheidend für einen unterbrechungsfreien Mining-Betrieb und beeinflusst die Rentabilität.

Instandhaltung

Instandhaltung im Kontext des Krypto-Minings bezieht sich auf alle Maßnahmen, die ergriffen werden, um die Mining-Hardware funktionsfähig und effizient zu halten. Dies umfasst regelmäßige Überprüfungen, Reinigung, Reparaturen und den Austausch von Verschleißteilen, um die Lebensdauer der Geräte zu maximieren und Ausfallzeiten zu minimieren. Effektive Instandhaltung trägt zur Rentabilität des Minings bei.

Redundanz

Redundanz im Zusammenhang mit Mining bedeutet, dass wichtige Systemkomponenten doppelt vorhanden sind, um Ausfallzeiten zu vermeiden. Fällt eine Komponente aus, übernimmt die redundante Komponente deren Funktion. Redundante Systeme erhöhen die Zuverlässigkeit und tragen somit zur Rentabilität bei, indem sie potenzielle Verluste durch Ausfälle minimieren.

Kostenaufschlüsselung der Bitcoin-Beteiligung

Veranschaulicht die relativen Kosten im Zusammenhang mit Bitcoin-Handel und -Mining.

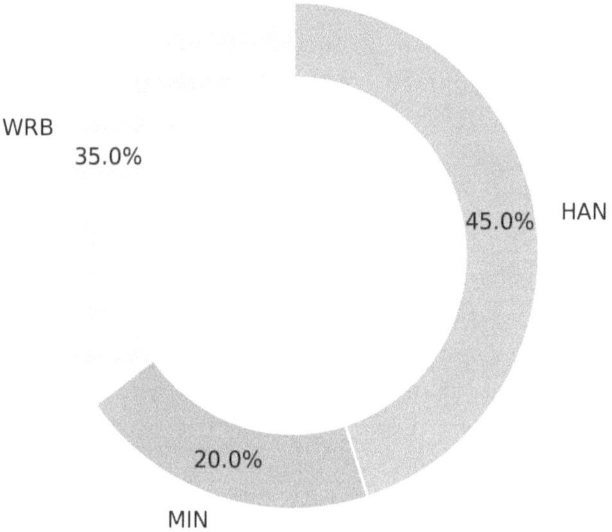

- HAN: Handlung (Mining und Infrastruktur)
- MIN: Mining (Hardware und Energie)
- WRB: Wertberechnung (Gebühren und Volatilität)

Die Visualisierung zeigt, dass die Wartung einen erheblichen Teil der Gesamtkosten ausmacht, was auf potenzielle Skaleneffekte für größere Betriebe hindeutet. Die Handelskosten sind zwar signifikant, aber geringer als die Wartungskosten, was darauf hinweist, dass Gebühren und Preisvolatilität die Rentabilität beeinflussen können. Die Mining-Kosten, obwohl vorhanden, bilden ein kleineres Stück vom Kuchen, was möglicherweise auf Schwierigkeitsanpassungen und Energiekosten zurückzuführen ist.

Renditeberechnung

Die Renditeberechnung im Krypto-Mining ist komplexer als die einfache Gegenüberstellung von Erlösen und Ausgaben für Strom und Hardware. Ein vollständiges Bild erfordert die Berücksichtigung aller Kostenfaktoren und auch steuerlicher Implikationen. Neben den bereits erwähnten Energie- und Wartungskosten beeinflussen auch Steuern die Gesamtrentabilität. [s26] So müssen Gewinne aus dem Handel mit Kryptowährungen, wie Bitcoin, als Kapitalerträge versteuert werden. [s26] Die Differenz zwischen Anschaffungskosten und Verkaufspreis bildet die Bemessungsgrundlage. [s26] Halten Sie Ihre Kryptowährungen länger als ein Jahr, sind etwaige Gewinne steuerfrei. Auch wenn digitale Währungen beim Einsatz als Zahlungsmittel von der Mehrwertsteuer befreit sind, müssen Transaktionen, die mit ihnen durchgeführt werden, die Mehrwertsteuer unterstützen. [s26] Zudem fallen Kryptowährungen unter die Vermögenssteuer, Erbschafts- und Schenkungssteuer. [s26] Diese steuerlichen Aspekte sollten in jede Renditeberechnung einfließen, um ein realistisches Ergebnis zu erhalten. Ein detailliertes Protokoll aller Transaktionen, inklusive Kauf- und Verkaufspreisen sowie zugehörigen Gebühren, ist unerlässlich für die korrekte Steuererklärung. So lassen sich potenzielle steuerliche Vorteile optimal nutzen und finanzielle Risiken minimieren. Zusätzlich können Miner die Abwärme ihrer Hardware nutzen, um beispielsweise Gewächshäuser zu beheizen und so Kosten zu senken, was die Rentabilität positiv beeinflusst. [s27] Die Rentabilität dieser Methode hängt vom jeweiligen Standort ab, da die Kostenersparnis im Vergleich zu traditionellen Heizsystemen variiert. [s27] Eine detaillierte Kosten-Nutzen-Analyse, die die lokalen Gegebenheiten berücksichtigt, ist daher ratsam.

Gut zu wissen

Bemessungsgrundlage

Die Bemessungsgrundlage für die Besteuerung von Gewinnen aus Bitcoin-Verkäufen ist die Differenz zwischen dem Kaufpreis und dem Verkaufspreis.

Erbschafts- und Schenkungssteuer

Wie andere Vermögenswerte unterliegen auch Kryptowährungen der Erbschafts- und Schenkungssteuer, wenn sie vererbt oder verschenkt werden.

Kapitalerträge

Kapitalerträge sind Gewinne, die durch den Verkauf von Kapitalanlagen wie Bitcoin erzielt werden. Sie unterliegen der Besteuerung, es sei denn, die Anlage wird länger als ein Jahr gehalten.

Kosten-Nutzen-Analyse

Eine Kosten-Nutzen-Analyse vergleicht die Kosten des Minings (z.B. Strom, Hardware) mit dem Nutzen (z.B. Wert der geschürften Bitcoins) um die Wirtschaftlichkeit zu bewerten.

Bitcoin-ROI im Zeitverlauf

Illustrative Bitcoin-ROI-Entwicklung über einen Zeitraum von 5 Jahren.

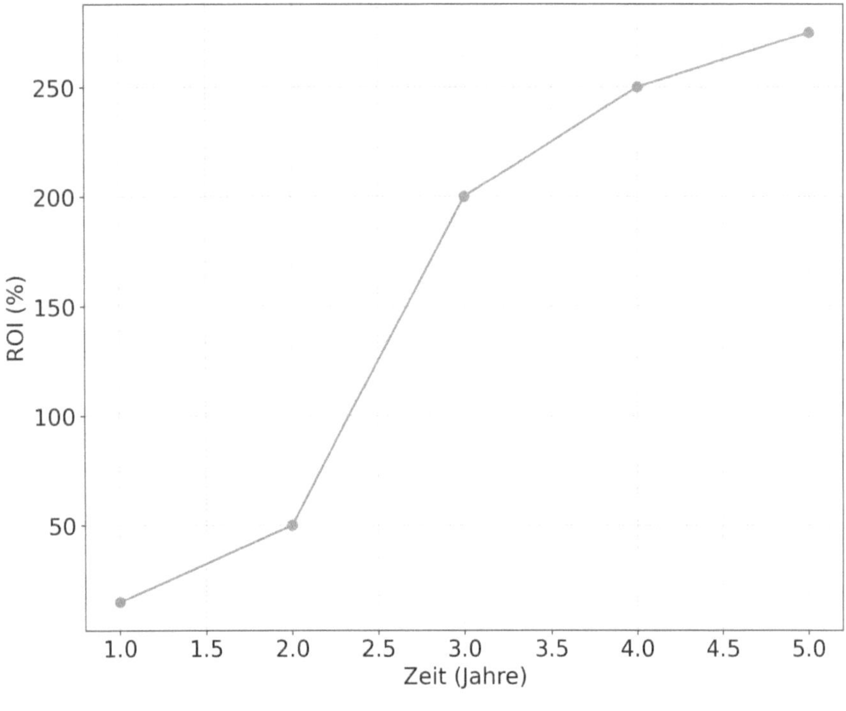

Dieses Diagramm zeigt ein hypothetisches Bitcoin-Investitionsszenario. Der Anfangszeitraum zeigt ein langsames Wachstum, gefolgt von einer Phase schneller Wertsteigerung und schließlich ein Plateau, das auf eine Marktstabilisierung hindeutet. Dies verdeutlicht das Potenzial für hohe Renditen, aber auch die Volatilität, die mit Kryptowährungsinvestitionen verbunden ist. Die Wertentwicklung der Vergangenheit ist kein Indikator für zukünftige Ergebnisse.

Konkrete Ratschläge

- Verhandeln Sie mit Ihrem Energieversorger einen individuellen Tarif für Ihren Mining-Betrieb, um von günstigeren Konditionen zu profitieren.
- Prüfen Sie die Wirtschaftlichkeit von Cloud-Mining, um die Investitionskosten für Hardware und Infrastruktur zu reduzieren.
- Gründen Sie eine Mining-Kooperative mit anderen Minern, um Kosten zu teilen und Synergien bei der Beschaffung von Hardware und Energie zu nutzen.
- Spezialisieren Sie sich auf das Mining von weniger bekannten Kryptowährungen mit geringerem Wettbewerb und potenziell höheren Renditen.
- Nutzen Sie die Abwärme Ihrer Mining-Hardware zur Trocknung von landwirtschaftlichen Produkten oder zur Erzeugung von Prozesswärme für industrielle Anwendungen.
- Entwickeln Sie ein Geschäftsmodell, das Krypto-Mining mit anderen Dienstleistungen kombiniert, beispielsweise dem Betrieb eines Rechenzentrums oder der Bereitstellung von Blockchain-Infrastruktur.
- Mieten Sie ungenutzte Gewerbeflächen in Regionen mit niedrigen Energiekosten, um dort Ihren Mining-Betrieb aufzubauen.
- Investieren Sie in die Entwicklung eigener Mining-Hardware, um einen technologischen Vorsprung gegenüber der Konkurrenz zu erzielen.
- Beteiligen Sie sich an Forschungsprojekten zur Entwicklung energieeffizienterer Mining-Algorithmen und -Hardware.
- Analysieren Sie den Markt für gebrauchte Mining-Hardware und nutzen Sie günstige Kaufgelegenheiten, um Ihre Investitionskosten zu senken.

Rückblick - 3. Krypto-Mining

Krypto-Mining kann eine faszinierende und potenziell lukrative Möglichkeit sein, am Krypto-Ökosystem teilzuhaben. Bevor Sie jedoch in diese Welt eintauchen, sollten Sie die verschiedenen Mining-Methoden und die damit verbundenen Herausforderungen sorgfältig abwägen. Die Wahl zwischen Solo-Mining und dem Beitritt zu einem Mining-Pool ist eine grundlegende Entscheidung. Solo-Mining verspricht die volle Blockbelohnung, erfordert aber eine erhebliche Hashrate und die Bereitschaft, längere Perioden ohne Auszahlung zu überstehen. Für die meisten Einsteiger und Miner mit begrenzter Rechenleistung ist ein Mining-Pool die sinnvollere Option. Hier profitieren Sie von regelmäßigen, wenn auch kleineren Auszahlungen, die Ihre Einnahmen planbarer gestalten. Bei der Poolwahl sollten Sie Faktoren wie Größe, Gebühren und Auszahlungsmodell berücksichtigen. Ein Vergleich verschiedener Pools hilft Ihnen, den optimalen Kompromiss zwischen Auszahlungshäufigkeit und -höhe zu finden.

Neben der Wahl der Mining-Methode ist die Auswahl der richtigen Hardware entscheidend für Ihren Erfolg. Während CPUs und GPUs in der Anfangszeit des Minings dominierten, haben sich ASICs als die leistungsstärkste und effizienteste Option etabliert. Allerdings sind ASICs teurer in der Anschaffung und auf einen bestimmten Algorithmus spezialisiert, was sie weniger flexibel macht. FPGAs bieten eine Alternative mit höherer Flexibilität, erreichen aber nicht die Hashrate von ASICs. Berücksichtigen Sie bei Ihrer Entscheidung neben den Anschaffungskosten auch den Energieverbrauch, die Kühlungsanforderungen und die potenzielle Lebensdauer der Hardware. Optimierungstechniken wie Übertaktung und Unterspannung können die Effizienz Ihrer Hardware steigern, sollten aber mit Vorsicht und nach gründlicher Recherche angewendet werden, um Schäden zu vermeiden.

Cloud-Mining bietet einen alternativen Einstieg ins Krypto-Mining, ohne selbst in Hardware investieren zu müssen. Hier mieten Sie Rechenleistung von einem Anbieter und erhalten anteilig Auszahlungen. Dieser Ansatz ist zwar vergleichsweise einfach, birgt aber auch Risiken. Achten Sie auf die Seriosität des Anbieters, transparente Vertragsbedingungen und realistische Gewinnprognosen. Vergleichen Sie die Angebote verschiedener Anbieter und berücksichtigen Sie Faktoren wie Gebühren, Vertragslaufzeit und die angebotene Hashrate. Bedenken Sie auch, dass Sie beim Cloud-Mining von der Verfügbarkeit und den Entscheidungen des Anbieters abhängig sind.

Die Rentabilität Ihres Mining-Vorhabens hängt letztlich von einer Vielzahl von Faktoren ab, die Sie sorgfältig kalkulieren müssen. Neben den Kosten für Hardware, Strom und Wartung spielen auch die Schwierigkeit des Minings, der aktuelle Kurs der Kryptowährung und steuerliche Aspekte eine Rolle. Erstellen Sie eine detaillierte Kosten-Nutzen-Analyse, die alle relevanten Faktoren berücksichtigt, um die potenzielle Rendite realistisch einzuschätzen. Denken Sie auch an innovative Möglichkeiten, die Effizienz zu steigern und Kosten zu senken, beispielsweise durch die Nutzung der Abwärme zur Beheizung von Gewächshäusern. Mit einer durchdachten Strategie und sorgfältiger Planung können Sie die Herausforderungen des Krypto-Minings meistern und von den Chancen dieses dynamischen Marktes profitieren.

4. Bitcoin und Ethereum

Was unterscheidet die beiden dominierenden Kryptowährungen, die zusammen über 60% der gesamten Marktkapitalisierung ausmachen? Bitcoin revolutionierte 2009 als erste Blockchain die digitale Wirtschaft, während Ethereum 2015 mit Smart Contracts völlig neue Anwendungsmöglichkeiten schuf. Die technologischen Grundlagen beider Systeme weisen sowohl überraschende Parallelen als auch fundamentale Unterschiede auf. Ihre jeweiligen Stärken und Limitierungen prägen bis heute die Entwicklung des gesamten Kryptomarktes. In diesem Kapitel analysieren wir die Architektur und das Potenzial der beiden wichtigsten Blockchain-Protokolle - und warum ihre Koexistenz die Zukunft digitaler Werte bestimmen wird.

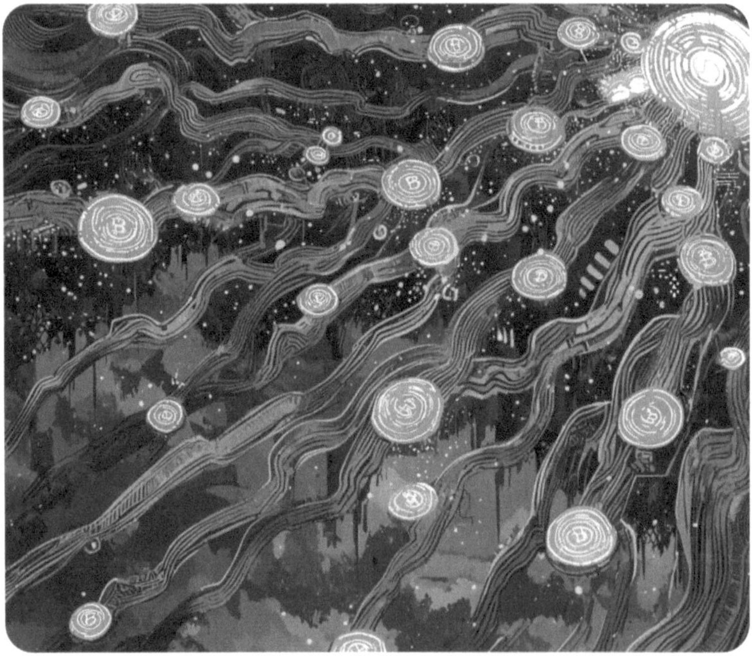

4. 1 Netzwerkvergleich

Bitcoin und Ethereum, die beiden führenden Kryptowährungen, unterscheiden sich grundlegend in Architektur und Funktionsweise. Dieser Netzwerkvergleich beleuchtet die zentralen Aspekte Transaktionsgeschwindigkeit, Energieverbrauch und Skalierbarkeit. Die unterschiedlichen Technologien beeinflussen Benutzerfreundlichkeit, Kosten und ökologischen Fußabdruck. Bitcoin setzt auf Proof-of-Work, Ethereum zunehmend auf Proof-of-Stake. Diese unterschiedlichen Konsensmechanismen haben weitreichende Folgen für die Netzwerke. Auch die jeweiligen Strategien zur Bewältigung steigender Transaktionsvolumen unterscheiden sich erheblich. Verstehen Sie die Unterschiede, um die richtige Kryptowährung für Ihre Bedürfnisse zu wählen. Der folgende Vergleich liefert Ihnen das nötige Wissen.

Beim Vergleich von Kryptowährungen wie Bitcoin und Ethereum ist die Skalierbarkeit ein entscheidender Faktor. Neben der Transaktionsgeschwindigkeit (TPS) müssen auch Netzwerklatenz, Speicherkapazität und Bandbreite berücksichtigt werden, um das zukünftige Wachstumspotenzial abzuschätzen.

Transaktionsgeschwindigkeit

Die Transaktionsgeschwindigkeit, also die Anzahl der verarbeitbaren Transaktionen pro Zeiteinheit, ist ein entscheidender Faktor bei der Wahl einer Kryptowährung. Diese Geschwindigkeit wird in Transaktionen pro Sekunde (TPS) gemessen und beeinflusst sowohl die Benutzerfreundlichkeit als auch die Skalierbarkeit des Netzwerks. Während herkömmliche Zahlungssysteme oft Tausende von TPS verarbeiten, erreichen viele Kryptowährungen deutlich niedrigere Werte. [s28] So schaffen einige Kryptowährungen lediglich bis zu 30 TPS. [s28] Diese begrenzte Kapazität kann zu Verzögerungen und höheren Gebühren, insbesondere bei hoher Netzauslastung, führen. Überweisungen können so statt Sekunden oder Minuten, Stunden dauern, was die Alltagstauglichkeit einschränkt. Daher ist die Transaktionsgeschwindigkeit ein wichtiges Kriterium für die Bewertung der Praxistauglichkeit einer Kryptowährung. Ein vielversprechender Ansatz zur Verbesserung der Transaktionsgeschwindigkeit sind Directed Acyclic Graphs (DAGs). [s28] Im Gegensatz zur linearen Struktur einer Blockchain, die Transaktionen nacheinander abarbeitet, ermöglichen DAGs die parallele Verarbeitung. [s28] So können Transaktionen gleichzeitig validiert und hinzugefügt werden, was den Durchsatz deutlich erhöht und das Netzwerk skalierbarer macht. Mit steigender Anzahl aktiver Knoten im Netzwerk erhöht sich auch die Transaktionsgeschwindigkeit eines reinen DAG-basierten Systems. [s28] Das bedeutet, je mehr Teilnehmer, desto schneller die Verarbeitung – ein klarer Vorteil

gegenüber einigen privaten Distributed-Ledger-Technologien, die mit zunehmender Knotenanzahl Leistungseinbußen verzeichnen. [s28] Die Latenz, also die Zeit bis zur endgültigen Bestätigung einer Transaktion, hängt bei DAGs von der Anzahl der erforderlichen Hash-Berechnungen ab, die durch den Proof-of-Work Score bestimmt wird. [s28] Ein hoher Score kann zwar die Sicherheit erhöhen, aber auch die Latenz verlängern. Achten Sie also bei der Wahl einer DAG-basierten Kryptowährung auf den Zusammenhang zwischen Proof-of-Work, Latenz und Transaktionsgeschwindigkeit. Ein schneller Durchsatz bei gleichzeitig geringer Latenz ist ideal. Informieren Sie sich daher vor einer Investition über die technischen Details der jeweiligen Kryptowährung, um die für Ihre Bedürfnisse passende Lösung zu finden.

Gut zu wissen

Distributed-Ledger-Technologie
Technologien, die Transaktionsdaten über mehrere Computer verteilen, um die Sicherheit und Transparenz zu erhöhen. Private Distributed Ledgers beschränken den Zugriff auf eine ausgewählte Gruppe von Teilnehmern.

Proof-of-Work Score
Ein Wert, der den Aufwand (Rechenleistung) repräsentiert, der in die Validierung von Transaktionen in einem Proof-of-Work-System investiert wurde. Ein höherer Score kann die Sicherheit erhöhen, aber auch die Latenz beeinflussen.

Transaktionen pro Sekunde
Gibt an, wie viele Transaktionen ein Kryptowährungsnetzwerk pro Sekunde verarbeiten kann. Ein höherer TPS-Wert deutet auf ein leistungsfähigeres Netzwerk hin, das besser für eine breite Akzeptanz geeignet ist.

Vergleich der Transaktionsgeschwindigkeit

TPS verschiedener Netzwerke

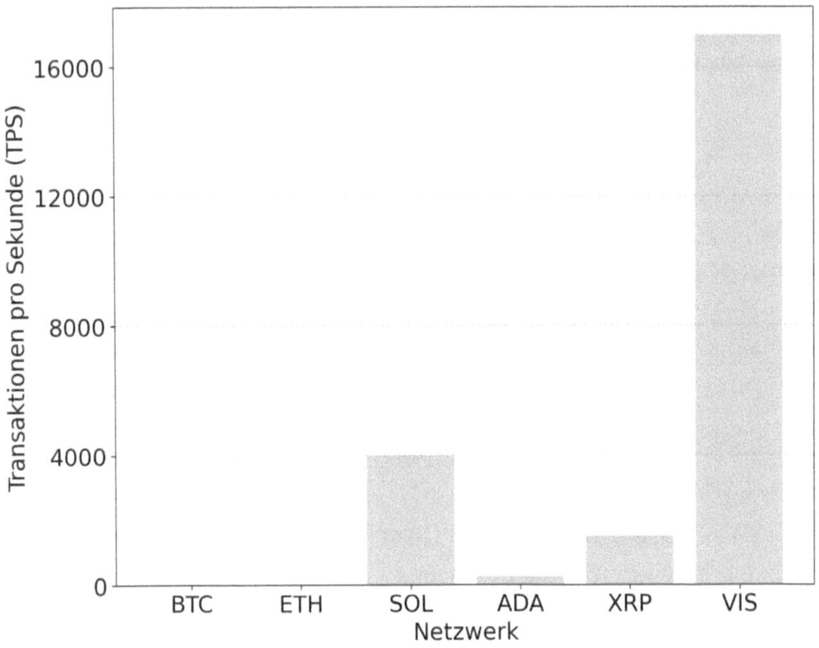

ADA: Cardano

BTC: Bitcoin

ETH: Ethereum

SOL: Solana

VIS: Visa

XRP: Ripple

Dieses Diagramm verdeutlicht die signifikanten Unterschiede im Transaktionsdurchsatz zwischen verschiedenen Blockchain-Netzwerken. Das zentralisierte System von Visa weist einen hohen TPS auf, was seine Fähigkeit widerspiegelt, ein großes Transaktionsvolumen zu bewältigen. Während einige Kryptowährungen wie Solana im Vergleich zu anderen eine beeindruckende TPS aufweisen, erreichen sie dennoch nicht die Fähigkeiten von Visa. Dieser Unterschied unterstreicht die Skalierungsherausforderungen, mit denen dezentrale Netzwerke konfrontiert sind und die laufenden Bemühungen, den Transaktionsdurchsatz für eine breitere Akzeptanz zu verbessern.

Energieverbrauch

Der Energiebedarf von Kryptowährungen variiert stark und hängt maßgeblich vom verwendeten Konsensmechanismus ab. Während Proof-of-Work (PoW) – wie ihn etwa Bitcoin verwendet – einen hohen Energieverbrauch durch das Lösen komplexer Rechenaufgaben erfordert, sind alternative Verfahren wie Proof-of-Stake (PoS) deutlich sparsamer. [s29] Bei PoS wird die Validierung von Transaktionen nicht durch Rechenleistung, sondern durch den Besitz und das Sperren von Coins sichergestellt. Dieser Unterschied im Validierungsprozess führt zu einem erheblich geringeren Stromverbrauch bei PoS-basierten Netzwerken. Die Wahl einer Kryptowährung beeinflusst somit direkt den ökologischen Fußabdruck. Ein Vergleich des Energiebedarfs verschiedener Kryptowährungen vor einer Investition kann daher helfen, eine nachhaltigere Option zu wählen.

ASIC [i21]

Die Energieeffizienz des mining-Equipments ist ein weiterer wichtiger Faktor. Spezialisierte Hardware, etwa ASICs (Application-Specific Integrated Circuits), bietet zwar eine hohe Rechenleistung, kann aber auch einen hohen Stromverbrauch verursachen. [s29] Die Auswahl der Mining-Hardware sollte daher sorgfältig abgewogen werden, unter Berücksichtigung des Verhältnisses von Rechenleistung zu Energieverbrauch. Wer etwa auf ältere, weniger effiziente Geräte setzt, trägt zu einem höheren Gesamtenergieverbrauch des Netzwerks bei und schmälert gleichzeitig die eigene Profitabilität. Nicht nur Bitcoin, auch andere Kryptowährungen, die PoW nutzen, tragen zum globalen Energieverbrauch bei. [s29] Die Betrachtung des Energieverbrauchs sollte daher alle minebaren Coins und Token einschließen, um ein umfassendes Bild der ökologischen Auswirkungen zu erhalten. Die

Marktkapitalisierung einer Kryptowährung allein ist kein ausreichender Indikator für ihren Energiebedarf. Einige

Kryptowährungen mit vergleichsweise geringer Marktkapitalisierung können aufgrund ineffizienter Algorithmen oder veralteter Mining-Hardware einen überproportional hohen Energieverbrauch aufweisen. Ein Blick auf den Energieverbrauch pro Transaktion oder pro Block kann hier zusätzliche Informationen liefern und die Vergleichbarkeit verschiedener Kryptowährungen verbessern. Eine informierte Investitionsentscheidung sollte sowohl finanzielle als auch ökologische Aspekte berücksichtigen.

Energieverbrauch von Krypto-Netzwerken

Vergleich des Energieverbrauchs verschiedener Kryptowährungsnetzwerke.

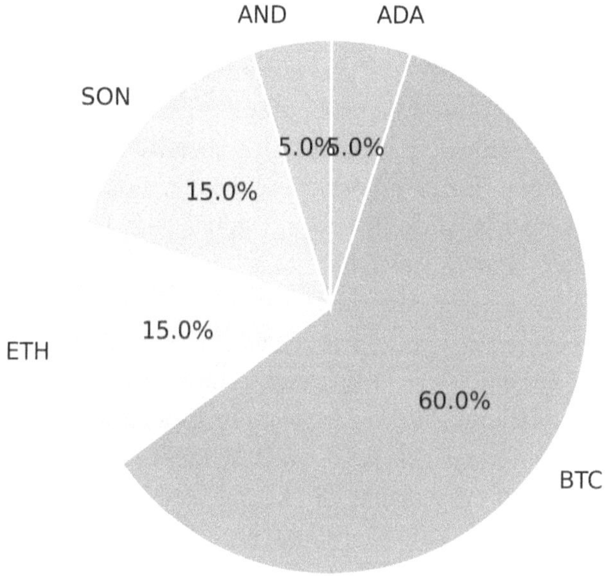

ADA: Cardano (PoS)

AND: Andere Netzwerke

BTC: Bitcoin (PoW)

ETH: Ethereum (PoS)

SON: Solana (PoH)

Der Proof-of-Work-Mechanismus von Bitcoin verbraucht einen erheblichen Teil der Gesamtenergie, was die Notwendigkeit energieeffizienterer Konsensmechanismen verdeutlicht. Während neuere Netzwerke wie die Proof-of-Stake-basierten Cardano und Solana deutlich weniger Energie verbrauchen, sind auch ihre Gesamtnetzwerkgrößen und Transaktionsvolumina geringer. Dies veranschaulicht die anhaltende Herausforderung, Sicherheit und Dezentralisierung mit Nachhaltigkeit im Kryptowährungsraum in Einklang zu bringen.

Skalierbarkeit

Skalierbarkeit beschreibt die Fähigkeit eines Netzwerks, mit steigendem Transaktionsvolumen umzugehen, ohne Leistungseinbußen zu erleiden. Ein wichtiger Aspekt ist die Transaktionskapazität, gemessen in Transaktionen pro Sekunde (tps). Ein Netzwerk mit niedriger TPS kann bei hoher Nachfrage überlastet sein, was zu längeren Bearbeitungszeiten und höheren Gebühren führt. Verschiedene Ansätze versuchen, die Skalierbarkeit zu verbessern. Neben den bereits erwähnten DAGs existieren sogenannte Layer-2-Lösungen, die Transaktionen außerhalb der Haupt-Blockchain abwickeln und nur gebündelte Ergebnisse an die Hauptkette senden. Ein Beispiel hierfür ist das Lightning Network für Bitcoin. Ein Nutzer, der regelmäßig kleinere Bitcoin-Transaktionen durchführt, profitiert von den schnelleren und günstigeren Transaktionen, die durch das Lightning Network ermöglicht werden. Auch On-Chain-Skalierungslösungen, wie die Erhöhung der Blockgröße oder die Implementierung des Segregated Witness (SegWit)-Protokolls, können die Transaktionskapazität direkt auf der Blockchain erhöhen. Neben der reinen Transaktionskapazität beeinflussen weitere Faktoren die Skalierbarkeit. Die Netzwerklatenz, also die Zeit, die eine Transaktion benötigt, um im Netzwerk bestätigt zu werden, ist entscheidend für die Benutzererfahrung. Eine hohe Latenz kann zu Verzögerungen bei Zahlungen und anderen Anwendungen führen. Die Speicherkapazität des Netzwerks ist ebenfalls relevant, da alle Transaktionsdaten gespeichert werden müssen. Ein stetig wachsendes Datenvolumen kann die Anforderungen an die Knotenbetreiber erhöhen und die Dezentralität des Netzwerks gefährden, wenn nur noch wenige leistungsstarke Rechner die gesamte Blockchain speichern können. Ein weiterer Punkt ist die Bandbreite, die die Datenübertragungsrate im Netzwerk beschreibt. Eine unzureichende Bandbreite kann zu Engpässen führen und die Transaktionsgeschwindigkeit begrenzen. Bei der Bewertung der Skalierbarkeit einer Kryptowährung sollten Anleger nicht nur die aktuelle Leistung, sondern auch das zukünftige

Wachstumspotenzial berücksichtigen. Ein Netzwerk, das heute gut skaliert, kann in Zukunft an seine Grenzen stoßen, wenn die Nutzerzahlen stark ansteigen. Die Entwicklung und Implementierung von Skalierungslösungen ist daher ein kontinuierlicher Prozess. Achten Sie bei Ihrer Recherche auf die Roadmap des Projekts und die geplanten Maßnahmen zur Verbesserung der Skalierbarkeit. Informieren Sie sich über die Community und die Entwickler, die hinter dem Projekt stehen, um deren Kompetenz und Engagement in diesem Bereich einzuschätzen. Ein aktives Entwicklungsteam und eine engagierte Community sind wichtige Indikatoren für die langfristige Skalierbarkeit und den Erfolg einer Kryptowährung. Vergleichen Sie verschiedene Projekte und deren Ansätze zur Skalierung, um die für Ihre Investitionsstrategie passende Kryptowährung zu identifizieren. Die Skalierbarkeit ist ein komplexes Thema mit vielen Facetten. Ein tiefes Verständnis der verschiedenen Aspekte hilft Ihnen, fundierte Entscheidungen zu treffen und die Risiken und Chancen im Krypto-Markt besser einzuschätzen.

Netzwerk-Skalierbarkeitsvergleich

Vergleich des Transaktionsdurchsatzes für verschiedene Netzwerktypen.

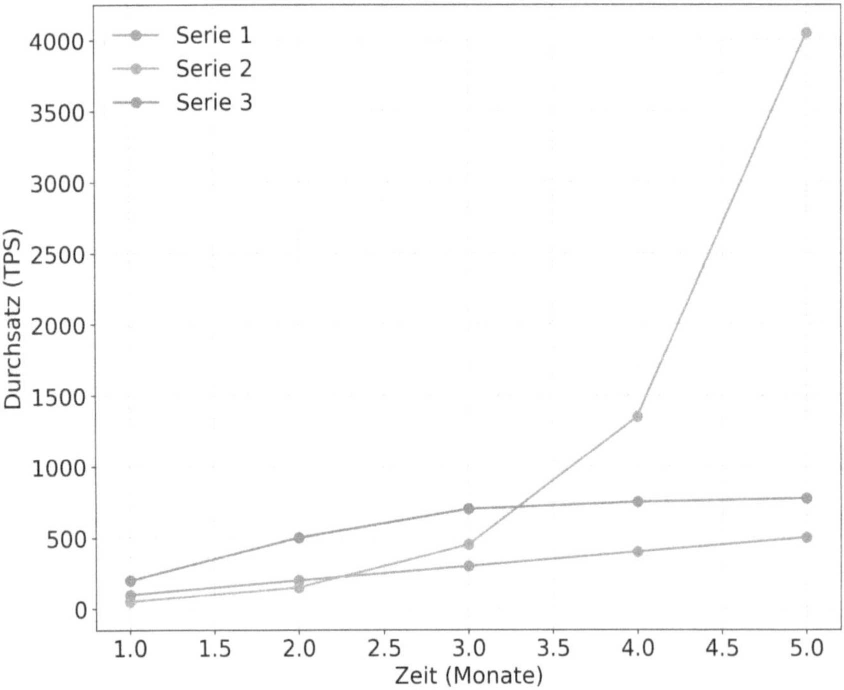

Dieses Diagramm veranschaulicht das Wachstumspotenzial und die Skalierbarkeit verschiedener Netzwerke. Netzwerk A zeigt ein konsistentes lineares Wachstum, das für eine stetige Expansion geeignet ist. Netzwerk B weist ein exponentielles Wachstum auf, was auf ein Potenzial für schnelle Skalierung und hohen Transaktionsdurchsatz hindeutet. Netzwerk C zeigt ein anfänglich schnelles Wachstum, das sich abflacht, was auf Einschränkungen der Skalierbarkeit nach einem bestimmten Punkt hinweist.

Konkrete Ratschläge

- ○ Vergleichen Sie die durchschnittliche Blockzeit von Bitcoin und Ethereum und analysieren Sie, wie diese die Bestätigungszeiten von Transaktionen beeinflusst.
- ○ Bewerten Sie die Auswirkungen der unterschiedlichen Blockgrößen von Bitcoin und Ethereum auf die Skalierbarkeit beider Netzwerke.
- ○ Erstellen Sie eine Tabelle, die die wichtigsten Netzwerkparameter von Bitcoin und Ethereum (z.B. Transaktionsgebühren, Blockzeit, Blockgröße) gegenüberstellt.
- ○ Analysieren Sie, wie sich die Implementierung von Sharding bei Ethereum auf die Transaktionsgeschwindigkeit und Skalierbarkeit im Vergleich zu Bitcoin auswirkt.
- ○ Vergleichen Sie die Entwicklung der aktiven Adressen in beiden Netzwerken, um die Nutzeraktivität und das Wachstumspotenzial abzuschätzen.
- ○ Untersuchen Sie die Unterschiede in den Sicherheitsmechanismen beider Netzwerke und bewerten Sie deren Einfluss auf die Anfälligkeit für Angriffe.
- ○ Beobachten Sie die Hashrate beider Netzwerke über einen längeren Zeitraum, um die Stabilität und Sicherheit der jeweiligen Blockchain zu beurteilen.
- ○ Vergleichen Sie die Dezentralisierung beider Netzwerke anhand der Verteilung der Mining-Pools oder Staking-Nodes.
- ○ Analysieren Sie die unterschiedlichen Ansätze von Bitcoin und Ethereum zur Bewältigung des Skalierungsproblems und bewerten Sie deren langfristige Erfolgsaussichten.
- ○ Vergleichen Sie die Community-Größe und die Entwickleraktivität beider Projekte, um deren Innovationskraft und Zukunftsfähigkeit einzuschätzen.

4. 2 Anwendungsbereiche

Bitcoin und Ethereum bieten weit mehr als nur Spekulationsmöglichkeiten. Dieser Abschnitt beleuchtet die praktischen Anwendungsbereiche beider Kryptowährungen, von grundlegenden Zahlungsverkehrslösungen bis zu komplexen dezentralen Anwendungen. Dabei werden Herausforderungen wie Skalierbarkeit, Sicherheit und regulatorische Hürden ebenso betrachtet wie das Potenzial für Innovationen in Bereichen wie Lieferkettenmanagement, digitale Identität und dezentrale Finanzdienstleistungen. Entdecken Sie die transformative Kraft von Bitcoin und Ethereum und ihr Potenzial, etablierte Systeme grundlegend zu verändern.

Die Blockchain-Technologie ermöglicht nicht nur Kryptowährungen, sondern vielfältige Anwendungen wie sichere Zahlungsabwicklung, automatisierte Verträge und zensurresistente dezentrale Applikationen, die Transparenz und Effizienz in verschiedenen Branchen steigern.

Zahlungsverkehr

Kryptowährungen bieten neue Möglichkeiten im Zahlungsverkehr, die sich von traditionellen Systemen unterscheiden. Ein Kernaspekt ist die Dezentralität. Transaktionen erfolgen direkt zwischen den beteiligten Parteien, ohne Banken oder andere Finanzinstitute als Intermediäre [s30]. Dadurch können sowohl Transaktionsgebühren als auch Bearbeitungszeiten reduziert werden. Ein weiterer Vorteil liegt in der Transparenz. Alle Transaktionen werden in der Blockchain aufgezeichnet, einem öffentlichen, verteilten und fälschungssicheren Ledger. Dies erhöht die Nachvollziehbarkeit und das Vertrauen in das System, da alle Teilnehmer die Transaktionshistorie einsehen können [s30]. Die Blockchain-Technologie minimiert zudem das Risiko von Doppelbuchungen, ein Problem, das bei herkömmlichen digitalen Zahlungen auftreten kann. Durch die eindeutige und unveränderliche Aufzeichnung jeder Transaktion in der Blockchain wird sichergestellt, dass eine digitale Währungseinheit nicht mehrfach ausgegeben werden kann [s30]. Digitale Währungen, die auf der Blockchain-Technologie basieren, ermöglichen sichere, transparente und effiziente Transaktionen ohne Intermediäre, was die Transaktionskosten senkt [s30]. Die Blockchain kann Buchungsprozesse automatisieren, was zu einer weiteren Effizienzsteigerung im Zahlungsverkehr führt [s30]. Über die reinen Zahlungstransaktionen hinaus bieten Kryptowährungen und die zugrunde liegende Blockchain-Technologie Potenzial für weitere Anwendungen im Finanzbereich. So können beispielsweise Loyalitätsprogramme über die Blockchain abgewickelt werden. Dadurch wird die Verwaltung von Loyalitätspunkten sicherer und transparenter, da jeder Teilnehmer die Gültigkeit und den Verlauf seiner Punkte einsehen kann. Streitigkeiten über Punkteguthaben können so vermieden werden [s30]. Auch die Identitätsverwaltung kann durch Blockchain-Technologie verbessert werden. Benutzer können ihre Identitätsdokumente selektiv und sicher mit vertrauenswürdigen Parteien teilen, ohne dass zentrale Instanzen benötigt werden [s30]. Ein

Unternehmen könnte die Gehaltsabrechnung mittels smart_contracts automatisieren. Die Auszahlung der Gehälter erfolgt dann automatisch, sobald bestimmte, vorab definierte Bedingungen erfüllt sind. Die Blockchain verbessert die Prüf- und Berichtsfähigkeiten von Organisationen, was die Servicequalität erhöht [s30]. Die Nutzung der Blockchain kann die Effizienz im Tracking und der Verfolgung durch ein unveränderliches Protokoll verbessern [s30]. Ein Weinimporteur könnte beispielsweise jeden Schritt des Transports einer Weinflasche, vom Weinberg bis zum Regal, in der Blockchain dokumentieren. Dies ermöglicht eine lückenlose Rückverfolgbarkeit und erhöht die Transparenz für den Konsumenten.

Gut zu wissen

Bearbeitungszeit

Die Zeit, die benötigt wird, um eine Kryptowährungstransaktion zu bestätigen und in die Blockchain aufzunehmen. Diese Zeit kann je nach Kryptowährung und Netzwerklast schwanken.

Gehaltsabrechnung

Der Prozess der Berechnung und Auszahlung von Gehältern. Smart Contracts können die Gehaltsabrechnung automatisieren und effizienter gestalten.

Identitätsverwaltung

Die Verwaltung und Kontrolle digitaler Identitäten. Die Blockchain kann die Sicherheit und den Datenschutz bei der Identitätsverwaltung verbessern, indem sie Nutzern die Kontrolle über ihre Daten gibt.

Loyalitätsprogramme

Programme, die Kunden für ihre Treue mit Prämien belohnen. Kryptowährungen und die Blockchain können die Verwaltung von Loyalitätspunkten sicherer und transparenter gestalten.

Transaktionsgebühren

Gebühren, die für die Durchführung von Transaktionen mit Kryptowährungen anfallen. Diese Gebühren können je nach Kryptowährung und Netzwerkbedingungen variieren und dienen der Vergütung der Miner, die die Transaktionen verarbeiten.

Intelligente Verträge

Intelligente Verträge (smart_contracts) erweitern die Möglichkeiten der Blockchain über reine Transaktionen hinaus und ermöglichen die Automatisierung komplexer Abläufe. Sie funktionieren nach dem "Wenn-Dann-Prinzip": Sobald vorher festgelegte Bedingungen erfüllt sind, wird der im Vertrag festgehaltene Prozess automatisch ausgeführt. [s31] Diese automatisierte Ausführung minimiert den Bedarf an Intermediären und erhöht die Effizienz und Geschwindigkeit von Prozessen. Denken Sie an einen Mietvertrag: Sobald die Mietzahlung auf dem Konto des Vermieters eingegangen ist, erhält der Mieter automatisch den digitalen Schlüssel für die Wohnung. Smart Contracts bieten auch mehr Transparenz und Sicherheit, da alle Vertragsbedingungen und deren Erfüllung in der Blockchain dokumentiert und unveränderlich gespeichert werden. [s31] Die Architektur solcher Systeme ist mehrschichtig aufgebaut, mit Benutzer-, Anwendungs-, Blockchain- und Kommunikationsschichten, die zusammenwirken, um sichere und effiziente Vertragsabwicklungen zu gewährleisten. Im Gesundheitswesen könnte die Interoperabilität verschiedener Blockchain-Netzwerke durch Smart Contracts verbessert werden. So könnten beispielsweise Patientendaten sicher und automatisiert zwischen verschiedenen Krankenhäusern oder Ärzten ausgetauscht werden, sobald die Zustimmung des Patienten vorliegt. Dies würde nicht nur die administrative Belastung reduzieren, sondern auch die Behandlungsqualität verbessern. Ein weiterer Anwendungsbereich liegt in der Lieferkettenlogistik. Hier können Smart Contracts die einzelnen Schritte einer Lieferung – von der Bestellung bis zur Auslieferung – automatisiert verfolgen und dokumentieren. Wird eine bestimmte Lieferfrist nicht eingehalten, könnte beispielsweise automatisch eine Entschädigung an den Kunden ausgelöst werden.

Interoperabilität

Die Fähigkeit verschiedener Systeme oder Netzwerke, miteinander zu kommunizieren und Daten auszutauschen. Im Kontext von Blockchain ermöglicht Interoperabilität die nahtlose Interaktion zwischen verschiedenen Blockchains.

Anwendungsfälle von Smart Contracts nach Komplexität, Kosten und Nutzung

Visualisierung der Beziehung zwischen Komplexität, Kosten und Nutzung verschiedener Smart-Contract-Anwendungen.

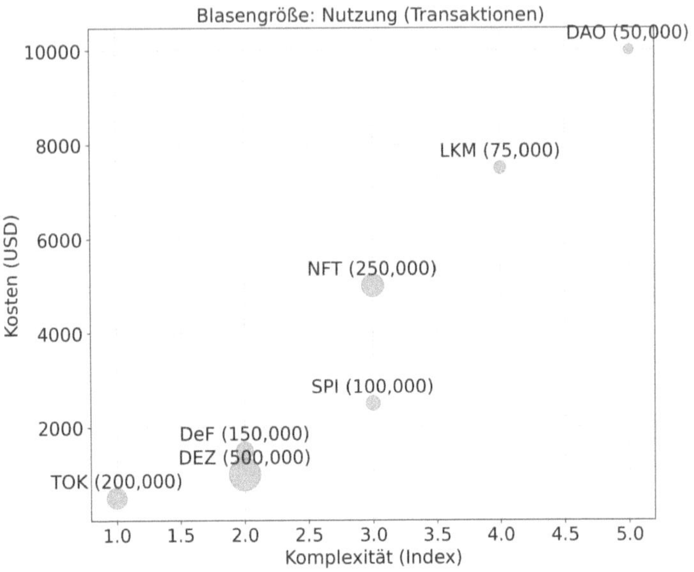

Blasengröße: Nutzung (Transaktionen)

DAO: Dezentrale Autonome Organisation

DeF: DeFi-Lending/Borrowing

DEZ: Dezentrale Börse

LKM: Lieferkettenmanagement

NFT: NFT-Marktplatz

SPI: Spiele/Metaverse

TOK: Token-Erstellung

Anwendungen mit hoher Nutzung wie Dezentrale Börsen (DEZ) und NFT-Marktplätze weisen tendenziell eine moderate Komplexität und Kosten auf. Komplexere Anwendungen wie Dezentrale Autonome Organisationen (DAO) und Lieferkettenmanagement (LKM) haben eine geringere Nutzung, möglicherweise aufgrund höherer Entwicklungskosten und technischer Hürden. Einfachere Anwendungen wie die Token-Erstellung verzeichnen eine moderate Nutzung und niedrige Kosten, was auf eine Zugänglichkeit für ein breiteres Publikum hindeutet.

Dezentrale Anwendungen

Dezentrale Anwendungen (dApps) nutzen die Blockchain-Technologie, um Funktionen anzubieten, die traditionell von zentralen Instanzen bereitgestellt werden. Im Gegensatz zu herkömmlichen Apps, die auf zentralen Servern laufen, sind dApps auf einem dezentralen Netzwerk verteilt. [s32] Diese Architektur bietet mehrere Vorteile. Zensurresistenz ist ein wichtiger Aspekt: Da keine zentrale Kontrollinstanz existiert, ist es schwierig, dApps abzuschalten oder zu zensieren. Ein Blogger könnte so eine dApp nutzen, um seine Inhalte zu veröffentlichen, ohne befürchten zu müssen, dass seine Artikel von einer Plattform entfernt werden. Ein weiterer Vorteil ist die erhöhte Sicherheit. Da die Daten auf vielen Computern im Netzwerk gespeichert sind, ist das System widerstandsfähiger gegen Hackerangriffe. Angriffe auf einen einzelnen Server würden die Funktionalität der dApp nicht beeinträchtigen. dApps bieten zudem Transparenz, da der Code und die Transaktionen öffentlich einsehbar sind. Nutzer können so die Funktionsweise der Anwendung nachvollziehen und überprüfen. dApps eröffnen neue Möglichkeiten für die Interaktion mit digitalen Diensten und bieten mehr Kontrolle und Sicherheit für die Nutzer. So könnten beispielsweise dezentrale Marktplätze entstehen, auf denen Nutzer direkt miteinander handeln können, ohne Zwischenhändler. [s32] Die Blockchain dient dabei als Grundlage für sichere und transparente Transaktionen. Durch die dezentrale Architektur und die Nutzung von Kryptowährungen können dApps auch neue Geschäftsmodelle und Möglichkeiten für die Monetarisierung schaffen. Die Analyse von Transaktionen in dApps, wie etwa im dezentralen Glücksspiel, kann wertvolle Einblicke in Nutzerverhalten und Marktmechanismen liefern. [s32]

Dezentrale Marktplätze

Online-Marktplätze, die auf der Blockchain-Technologie basieren und es Nutzern ermöglichen, direkt miteinander zu handeln, ohne Zwischenhändler. Kryptowährungen werden für Zahlungen verwendet und die Blockchain gewährleistet die Sicherheit und Transparenz der Transaktionen.

Zensurresistenz

Eigenschaft von dApps, aufgrund ihrer dezentralen Natur nicht von Regierungen oder Institutionen zensiert oder abgeschaltet werden zu können. Dies ermöglicht freie Meinungsäußerung und Informationsverbreitung, unabhängig von zentralen Kontrollinstanzen.

Kategorien dezentraler Anwendungen (DApps)

Verteilung von DApps über verschiedene Sektoren.

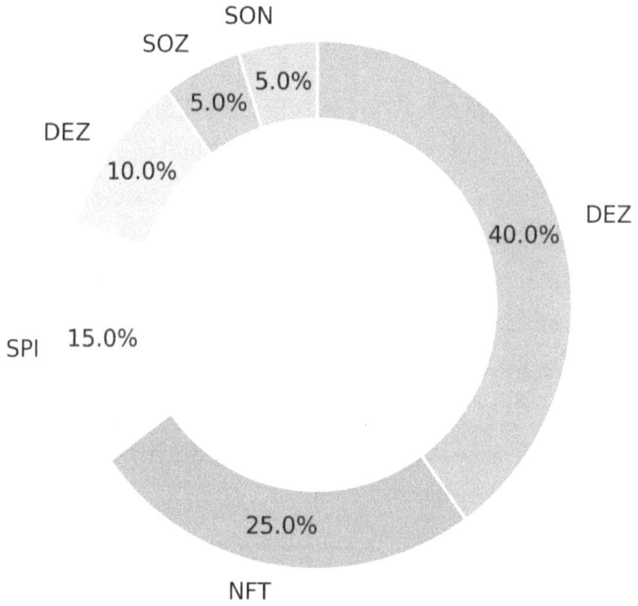

DEZ: Dezentrale Finanzen (DeFi)
NFT: NFTs und digitale Kunst
SON: Sonstige
SOZ: Soziale Medien und Inhalte
SPI: Spiele
VER: Dezentrale Verwaltung

Das größte Segment des DApp-Ökosystems wird von DeFi-Anwendungen dominiert, was das große Interesse an dezentraler Finanzierung unterstreicht. NFTs und Spiele stellen einen erheblichen Anteil dar, was die wachsende Popularität von Blockchain-basiertem digitalem Eigentum und interaktiven Erlebnissen zeigt. Während andere Kategorien wie dezentrale Governance und soziale Medien einen geringeren Anteil haben, deuten sie auf eine kontinuierliche Erforschung und Entwicklung in diesen Bereichen hin, was auf ein potenzielles zukünftiges Wachstum schließen lässt.

Konkrete Ratschläge

- Nutzen Sie Bitcoin, um international Waren einzukaufen und sparen Sie so Wechselgebühren.
- Akzeptieren Sie Ethereum als Zahlungsmittel in Ihrem Online-Shop und erschließen Sie sich neue Kundengruppen.
- Richten Sie ein Bitcoin-Sparkonto ein und profitieren Sie von der Wertentwicklung.
- Hinterlegen Sie einen Teil Ihres Ethereum-Vermögens als Sicherheit für einen Kredit und nutzen Sie die Liquidität.
- Entwickeln Sie ein dezentrales Tipp-System basierend auf Ethereum für Ihre Webseite oder Community.
- Gründen Sie eine Genossenschaft, die mit Bitcoin Investitionen in erneuerbare Energien tätigt.
- Organisieren Sie einen lokalen Tauschring, der Bitcoin als interne Währung verwendet.
- Entwickeln Sie eine dApp auf Ethereum, die den Austausch von regionalen Produkten ermöglicht.
- Nutzen Sie Smart Contracts auf Ethereum, um automatisierte Spendenaktionen für wohltätige Zwecke zu organisieren.
- Erstellen Sie ein dezentrales Bewertungssystem für Dienstleistungen basierend auf Ethereum.
- Fördern Sie lokale Künstler, indem Sie deren Werke als NFTs auf Ethereum verkaufen.
- Entwickeln Sie ein Ethereum-basiertes System zur Vermietung von ungenutzten Ressourcen wie Werkzeugen oder Fahrzeugen.

4. 3 Entwicklungspotenzial

Bitcoin und Ethereum, die führenden Kryptowährungen, stehen im Zentrum ständiger Weiterentwicklung. Netzwerkaktualisierungen, Protokolländerungen und technische Verbesserungen beeinflussen Skalierbarkeit, Sicherheit und Funktionalität – entscheidende Faktoren für ihre zukünftige Nutzbarkeit und Akzeptanz. Gleichzeitig bergen diese Entwicklungen Herausforderungen, wie die Sicherstellung der Abwärtskompatibilität oder die Anpassung an regulatorische Anforderungen. Verstehen Sie die Triebkräfte und Hürden der Innovation, um das Potenzial dieser Kryptowährungen vollumfänglich zu erfassen.

Das Entwicklungspotenzial einer Kryptowährung hängt stark von der aktiven und transparenten Weiterentwicklung ihrer Technologie, Governance und regulatorischen Anpassungsfähigkeit ab.

Technische Verbesserungen

Technische Verbesserungen im Kryptobereich beeinflussen Transaktionen, Sicherheit und Anwendungsmöglichkeiten. Die zugrunde liegende Blockchain-Technologie bietet ein transparentes und unveränderliches Hauptbuch, welches die Finanzberichterstattung verbessern kann [s33]. Dadurch entstehen manipulationssichere Aufzeichnungen von Transaktionen, was die Prüfungsprozesse effizienter und genauer gestaltet. Anstatt mühsam Belege zu suchen und zu prüfen, könnten Wirtschaftsprüfer direkt auf die vollständige Transaktionshistorie in der Blockchain zugreifen. Ein weiterer Aspekt ist die Automatisierung durch smart_contracts. Diese selbstausführenden Verträge ermöglichen automatisierte Prüfprozesse, was Zeit und Ressourcen spart [s33]. So könnte ein Smart Contract beispielsweise Zahlungen automatisch auslösen, sobald bestimmte Bedingungen erfüllt sind und gleichzeitig die Transaktion im unveränderlichen Ledger dokumentieren. Das reduziert den manuellen Aufwand und minimiert das Fehlerrisiko. Durch die dezentrale Natur der Blockchain-Technologie können neue Geschäftsmodelle entstehen, die ohne Intermediäre wie Banken oder Zahlungsdienstleister funktionieren [s33]. Dies ermöglicht direktere Interaktionen zwischen den Marktteilnehmern und kann zu Kosteneinsparungen führen. Denken Sie an internationale Überweisungen, die durch die Blockchain-Technologie deutlich schneller und günstiger abgewickelt werden könnten als über traditionelle Bankwege. Trotz des Potenzials gibt es auch technische Hürden. skalierbarkeit, also die Fähigkeit, eine wachsende Anzahl von Transaktionen zu verarbeiten und interoperabilitaet, die Kompatibilität verschiedener Blockchain-Systeme, sind entscheidend für die breite Akzeptanz in der Buchhaltung und Prüfung [s33]. Wenn ein System nicht mit dem steigenden Transaktionsvolumen mithalten kann oder nicht mit anderen Systemen kompatibel ist, wird seine Nutzbarkeit eingeschränkt. Die Entwicklung geeigneter

Rechnungslegungsstandards für digitale Währungen ist ebenfalls wichtig, um Transparenz und Genauigkeit in der Finanzberichterstattung zu gewährleisten [s33]. Um zu vergleichen: Ähnlich wie bei traditionellen Vermögenswerten müssen klare Regeln für die Bewertung und Bilanzierung von Kryptowährungen geschaffen werden, um ein einheitliches und verlässliches Bild der finanziellen Lage zu gewährleisten. Zukünftige Entwicklungen sollten sich daher auf regulatorische und Governance-Aspekte sowie die damit verbundenen Risiken konzentrieren [s33]. – Zu diesen Risiken zählen unter anderem Sicherheitslücken in Smart Contracts oder die Anfälligkeit für Hackerangriffe. Die stetige Weiterentwicklung der Technologie und die Anpassung der regulatorischen Rahmenbedingungen sind entscheidend, um das volle Potenzial von Kryptowährungen und Blockchain im Finanzwesen auszuschöpfen.

Hypothetischer Bitcoin-Preis und Hashrate

Veranschaulicht die Korrelation zwischen Bitcoin-Preis und Netzwerk-Hashrate.

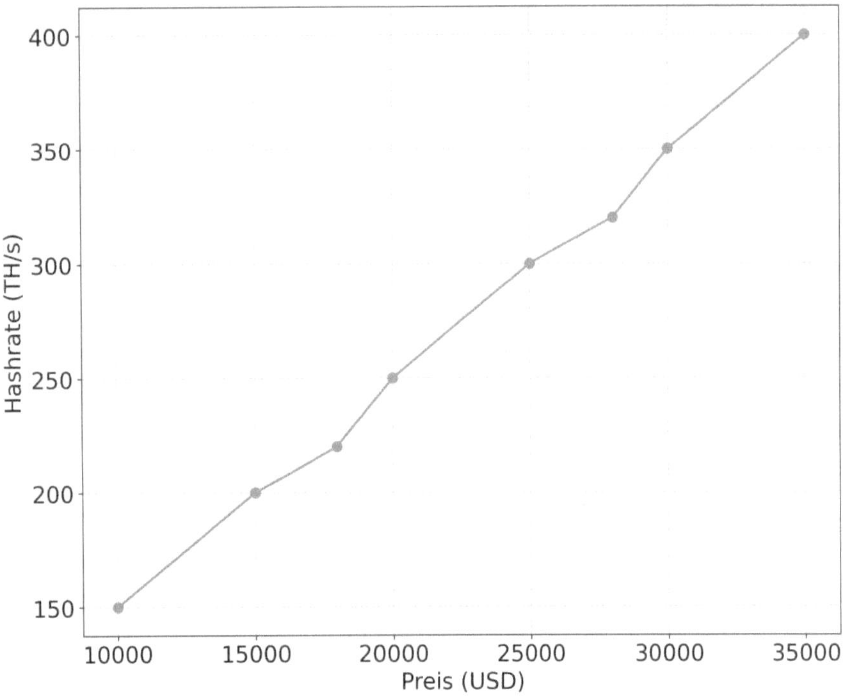

Das Diagramm zeigt eine positive Korrelation, die darauf hindeutet, dass mit steigendem Bitcoin-Preis auch die Hashrate des Netzwerks steigt, was auf eine erhöhte Beteiligung von Minern und Netzwerksicherheit hinweist. Umgekehrt können Preisrückgänge zu niedrigeren Hashraten führen, da einige Miner weniger profitabel werden.

Netzwerkaktualisierungen

Netzwerkaktualisierungen bilden das Rückgrat der Weiterentwicklung von Kryptowährungen und sind für deren langfristigen Erfolg unerlässlich. Sie dienen der Verbesserung verschiedener Aspekte, von der Sicherheit und Effizienz bis hin zur Einführung neuer Funktionen. Diese Änderungen werden oft durch ein dezentrales Governance-Verfahren implementiert, bei dem die Community der Token-Inhaber über die vorgeschlagenen Aktualisierungen abstimmt. Ein wichtiger Punkt bei Netzwerkaktualisierungen ist die sogenannte Abwärtskompatibilität. Diese stellt sicher, dass ältere Versionen der Software weiterhin mit der aktualisierten Blockchain interagieren können, wodurch ein reibungsloser Übergang gewährleistet wird. Fehlt diese Kompatibilität, kann es zu einer Aufspaltung der Blockchain kommen, einem sogenannten Fork, bei dem zwei separate Versionen der Blockchain parallel existieren. [s34] Die Beobachtung der Stimmung und Aktivität der Entwickler-Community kann wertvolle Einblicke in die zukünftige Entwicklung einer Kryptowährung bieten. Eine aktive und positiv gestimmte Entwicklergemeinschaft signalisiert oft eine gesunde Entwicklung und kann auf zukünftige Innovationen hindeuten. Umgekehrt kann eine stagnierende oder negativ gestimmte Entwicklergemeinschaft auf potenzielle Probleme oder mangelnde Fortschritte hinweisen. Dies unterstreicht, wie wichtig es ist, die Dynamik innerhalb der Entwicklergemeinschaft zu analysieren, um das Potenzial einer Kryptowährung besser einschätzen zu können. [s34] Durch die regelmäßige Aktualisierung des Netzwerks können Kryptowährungen nicht nur auf dem neuesten Stand der Technik bleiben, sondern auch auf die sich ändernden Bedürfnisse der Nutzer reagieren und so ihre Position im Markt behaupten. Ein Beispiel hierfür ist die Integration des Lightning-Netzwerks bei Bitcoin, welches die Transaktionsgeschwindigkeit deutlich erhöht und die Transaktionsgebühren senkt, ohne dabei die

Sicherheit des Netzwerks zu beeinträchtigen. Diese Art der Weiterentwicklung ist entscheidend, um die skalierbarkeit von Kryptowährungen zu verbessern und sie für den alltäglichen Gebrauch praktikabler zu machen. Ein aufmerksamer Investor sollte daher die geplanten und durchgeführten Netzwerkaktualisierungen einer Kryptowährung genau verfolgen, um deren Potenzial und zukünftige Entwicklung besser beurteilen zu können.

Netzwerk-Updates und das Potenzial von Bitcoin

Auswirkungen von Netzwerk-Updates auf die Skalierbarkeit und Akzeptanz von Bitcoin

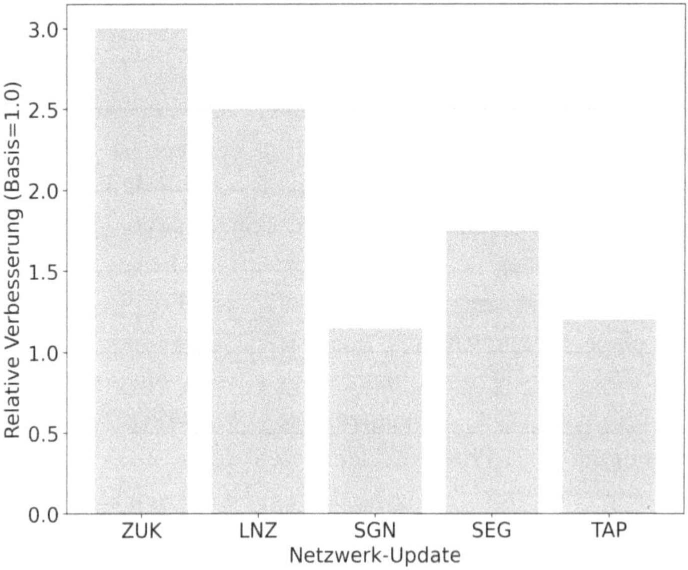

LNZ: Lightning-Netzwerk (Mainnet-Start 2018)

SEG: SegWit (August 2017)

SGN: Schnorr-Signaturen (Taproot-Teil)

TAP: Taproot (November 2021)

ZUK: Zukünftige potenzielle Verbesserungen

Das Diagramm zeigt eine signifikante positive Korrelation zwischen Netzwerk-Updates und dem Potenzial von Bitcoin. Wichtige Updates wie SegWit und Taproot haben den Transaktionsdurchsatz und die Effizienz nachweislich verbessert und den Weg für eine breitere Akzeptanz geebnet. Während einige Updates eine allmählichere Wirkung zeigten, deutet der Gesamttrend auf eine kontinuierliche Verbesserung und ein Wachstumspotenzial für das Bitcoin-Netzwerk hin.

Protokolländerungen

Protokolländerungen bei Kryptowährungen sind Anpassungen der zugrunde liegenden Software, die die Funktionsweise des Netzwerks verändern. Diese Modifikationen können vielfältige Ziele verfolgen, wie die Verbesserung der skalierbarkeit, der Sicherheit oder die Implementierung neuer Funktionen. Änderungen am Protokoll erfolgen meist über einen Konsensmechanismus, der die Zustimmung der Netzwerk-Teilnehmer erfordert. [s35] Ein Beispiel ist die Einführung von SegWit (Segregated Witness) im Bitcoin-Protokoll. Durch die Auslagerung von Signaturdaten aus den Transaktionen wurde Platz für mehr Transaktionen pro Block geschaffen, was die Transaktionskapazität des Netzwerks erhöhte. Ein Investor, der das Potenzial einer Kryptowährung analysiert, sollte die Geschichte und den Prozess der Protokolländerungen sorgfältig prüfen. Eine transparente und gut dokumentierte Vorgehensweise bei der Implementierung von Protokolländerungen kann auf eine stabile und zukunftsorientierte Entwicklung hindeuten. Häufige, unkoordinierte oder kontrovers diskutierte Änderungen können hingegen auf Instabilität oder Governance-Probleme innerhalb des Projekts hinweisen. Protokolländerungen können auch Auswirkungen auf die abwaertskompatibilitaet haben. Ältere Softwareversionen sind unter Umständen nicht mehr mit der aktualisierten Blockchain kompatibel. Dies kann zu einer sogenannten Hard Fork führen, bei der sich die Blockchain aufspaltet und zwei separate Netzwerke mit unterschiedlichen Protokollen entstehen. Ein Beispiel für regulatorische Überlegungen im Kontext von Protokolländerungen ist die Diskussion um Datenschutz-Features. Einige vorgeschlagene Protokolländerungen zielen darauf ab, die Privatsphäre der Nutzer zu erhöhen, was jedoch im Konflikt mit regulatorischen Anforderungen zur Bekämpfung von Geldwäsche stehen kann. [s35] Die Berücksichtigung solcher regulatorischer Aspekte ist daher unerlässlich für die langfristige Akzeptanz und den Erfolg einer Kryptowährung. Ein weiterer Punkt ist die Berücksichtigung der Auswirkungen von Protokolländerungen auf die Sicherheit des Netzwerks. Obwohl Änderungen oft darauf abzielen, die Sicherheit zu verbessern, können sie auch unvorgesehene Schwachstellen erzeugen. Eine gründliche Prüfung und Testphase vor der Implementierung ist daher essenziell. Für Investoren ist es ratsam, sich über geplante Protokolländerungen zu informieren und deren potenzielle Auswirkungen auf die verschiedenen Aspekte der Kryptowährung, wie Skalierbarkeit, Sicherheit, Funktionalität und regulatorische Konformität, zu analysieren. Diese Informationen können wertvolle Hinweise auf die zukünftige Entwicklung und das Potenzial der Kryptowährung liefern.

Geldwäsche [i22]

Auswirkung von Protokolländerungen auf Bitcoin

Visualisierung der potenziellen Auswirkungen von Bitcoin-Protokolländerungen basierend auf deren Umfang und potenziellem Nutzen.

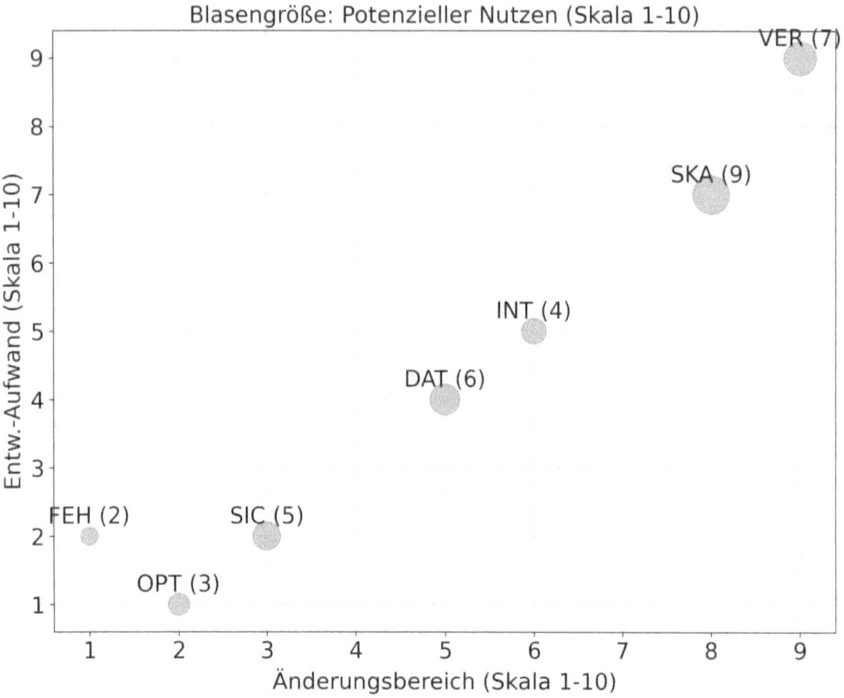

Blasengröße: Potenzieller Nutzen (Skala 1-10)

DAT: Datenschutzverbesserung	FEH: Fehlerbehebung
INT: Integration intelligenter Verträge	OPT: Kleinere Optimierung
SIC: Sicherheitsverbesserung	SKA: Skalierbarkeits-Upgrade
VER: Governance-Änderung	

Größere Blasen zeigen einen höheren potenziellen Nutzen an. Änderungen mit größerem Umfang bieten tendenziell auch größere potenzielle Vorteile, bergen aber auch ein höheres Risiko. Einige Änderungen mit kleinerem Umfang können erhebliche Vorteile mit potenziell geringerer Implementierungskomplexität bieten.

Konkrete Ratschläge

- Verfolgen Sie die Entwicklung von dezentralen autonomen Organisationen (DAOs) und prüfen Sie, wie diese die Governance von Bitcoin und Ethereum beeinflussen könnten.
- Entwickeln Sie ein Konzept für eine dezentrale Anwendung (dApp), die die Stärken von Bitcoin und Ethereum kombiniert, zum Beispiel für Mikrozahlungen mit Bitcoin über das Ethereum-Netzwerk.
- Analysieren Sie die Auswirkungen von Layer-2-Lösungen wie dem Lightning-Netzwerk für Bitcoin und Rollups für Ethereum auf deren Interoperabilität.
- Recherchieren Sie die Möglichkeiten von Cross-Chain-Bridges und bewerten Sie deren Potenzial für den Austausch von Wert und Daten zwischen Bitcoin und Ethereum.
- Überlegen Sie, wie sich die zunehmende Verbreitung von Stablecoins auf die Rolle von Bitcoin und Ethereum als Wertspeicher auswirken könnte.
- Entwickeln Sie ein Tool, das die Energieeffizienz verschiedener Mining-Algorithmen für Bitcoin und Ethereum vergleicht und visualisiert.
- Beobachten Sie die Entwicklung von alternativen Konsensmechanismen zu Proof-of-Work und Proof-of-Stake und bewerten Sie deren Eignung für Bitcoin und Ethereum.
- Recherchieren Sie die Möglichkeiten von Zero-Knowledge-Proofs und deren Anwendungspotenzial für die Verbesserung der Privatsphäre und Skalierbarkeit von Bitcoin und Ethereum.
- Analysieren Sie den Einfluss von institutionellen Investoren auf die Preisentwicklung von Bitcoin und Ethereum und entwickeln Sie eine entsprechende Anlagestrategie.

Rückblick - 4. Bitcoin und Ethereum

Bitcoin und Ethereum, die beiden prominentesten Kryptowährungen, unterscheiden sich grundlegend in ihrer Architektur und ihren Anwendungsfällen. Bitcoin, konzipiert als digitales Zahlungsmittel, glänzt durch seine etablierte Position und dezentrale Struktur, kämpft aber mit Skalierbarkeitsproblemen, die sich in langsamen Transaktionsgeschwindigkeiten und mitunter hohen Gebühren äußern. Ethereum hingegen, als Plattform für Smart Contracts und dezentrale Anwendungen (dApps) entwickelt, bietet ein deutlich breiteres Spektrum an Anwendungsmöglichkeiten. Die Umstellung auf Proof-of-Stake reduziert den Energieverbrauch im Vergleich zu Bitcoins Proof-of-Work-Mechanismus erheblich, eröffnet aber gleichzeitig neue Herausforderungen in Bezug auf die Netzwerksicherheit. Diese fundamentalen Unterschiede sollten Sie bei Ihrer Investitionsentscheidung unbedingt berücksichtigen.

Praktisch bedeutet dies für Sie: Wenn Sie primär an einem werterhaltenden, digitalen Asset interessiert sind und die Volatilität des Kryptomarktes tolerieren, könnte Bitcoin eine geeignete Wahl sein. Achten Sie dabei auf die Entwicklung von Layer-2-Lösungen wie dem Lightning Network, die die Skalierbarkeitsprobleme von Bitcoin adressieren und die Alltagstauglichkeit verbessern. Für kleinere, regelmäßige Transaktionen ist das Lightning Network bereits eine attraktive Option. Sollten Sie jedoch das Potenzial von Blockchain-basierten Anwendungen und dezentralen Finanzdienstleistungen (DeFi) erkunden wollen, bietet Ethereum mit seinem florierenden Ökosystem an dApps und Smart Contracts eine spannende Alternative. Beobachten Sie hier die laufenden Entwicklungen und Netzwerk-Upgrades, die die Skalierbarkeit und Effizienz des Ethereum-Netzwerks weiter optimieren sollen.

Die Bewertung des Energieverbrauchs ist ein weiterer wichtiger Faktor. Während Bitcoin aufgrund des Proof-of-Work-Mechanismus einen hohen Energiebedarf hat, präsentiert sich Ethereum nach dem Wechsel zu Proof-of-Stake als deutlich umweltfreundlichere Option. Berücksichtigen Sie diesen Aspekt in Ihrer persönlichen Nachhaltigkeitsstrategie. Informieren Sie sich über den Energieverbrauch pro Transaktion und den ökologischen Fußabdruck der jeweiligen Kryptowährung. Auch die Wahl des Mining-Equipments spielt eine Rolle. Investieren Sie in moderne, energieeffiziente Hardware, um sowohl Ihre Profitabilität als auch die Nachhaltigkeit des Netzwerks zu fördern.

Die Auseinandersetzung mit den technischen Aspekten, wie Skalierbarkeit, Netzwerkaktualisierungen und Protokolländerungen, ist unerlässlich für fundierte Investitionsentscheidungen. Verfolgen Sie die Roadmaps der Projekte, analysieren Sie die Aktivität der Entwickler-Community und berücksichtigen Sie regulatorische Entwicklungen. Die Dynamik des Kryptomarktes erfordert kontinuierliche Weiterbildung und Anpassung Ihrer Strategie. Seien Sie bereit, Ihr Portfolio entsprechend den technologischen Fortschritten und Marktbedingungen anzupassen. Die Welt der Kryptowährungen bietet immense Chancen, birgt aber auch Risiken. Mit einer fundierten Strategie und kontinuierlicher Lernbereitschaft können Sie diese Chancen nutzen und Ihre finanziellen Ziele erreichen.

5. Vermögensaufbau

Wer träumt nicht davon, durch kluge Investitionen ein Vermögen aufzubauen? Die digitale Revolution der Finanzmärkte eröffnet völlig neue Möglichkeiten, birgt aber auch erhebliche Risiken. Während traditionelle Anlageformen oft nur moderate Renditen versprechen, lockt der Kryptomarkt mit spektakulären Gewinnchancen. Die professionelle Verwaltung digitaler Assets erfordert jedoch fundiertes Wissen und eine durchdachte Strategie. In diesem Kapitel erfahren Sie, wie Sie das enorme Potenzial der Kryptowährungen für Ihren persönlichen Vermögensaufbau systematisch erschließen können.

5. 1 Risikobewertung

Kryptowährungen bieten hohe Gewinnchancen, bergen aber aufgrund ihrer Volatilität und des dynamischen Marktumfelds erhebliche Risiken. Marktschwankungen, regulatorische Unsicherheiten und technische Herausforderungen beeinflussen die Anlageentscheidungen und können zu erheblichen Verlusten führen. Eine detaillierte Risikobewertung vor jeder Investition ist daher essenziell. Neben den bekannten makroökonomischen Faktoren und der Volatilität des Kryptomarktes spielen auch technische und operative Risiken eine entscheidende Rolle. Softwarefehler, Sicherheitslücken und die Skalierbarkeit von Blockchains sind nur einige Beispiele für potenzielle Gefahren. Auch regulatorische Eingriffe und deren Auswirkungen auf Risikomodelle müssen berücksichtigt werden. Nur wer die vielfältigen Risikofaktoren im Kryptomarkt versteht, kann fundierte Investitionsentscheidungen treffen und langfristig Vermögen aufbauen. Lesen Sie weiter, um die notwendigen Werkzeuge und Strategien für ein effektives Risikomanagement zu erlernen.

Im volatilen Kryptomarkt ist eine umfassende Risikobewertung, die neben quantitativen Modellen auch qualitative Faktoren wie regulatorische Unsicherheiten und technische Risiken berücksichtigt, entscheidend für fundierte Investitionsentscheidungen.

Marktschwankungen

Kryptowährungen sind von starken Kursprüngen geprägt. Diese Volatilität beeinflusst Anlageentscheidungen und erfordert ein angepasstes Risikomanagement. So können volatile wirtschaftliche Indikatoren wie Inflation und steigende Zinssätze die Renditen von Kryptowährungen negativ beeinflussen. [s36] Investoren müssen daher umfassende Risikoanalysen durchführen, besonders bei finanziell angeschlagenen Unternehmen. [s36] Die Volatilität kann in kurzer Zeit zu erheblichen Wertänderungen führen, weshalb eine detaillierte Risikobewertung vor jeder Investitionsentscheidung unerlässlich ist. [s36] Das regulatorische Umfeld des Investorenlandes beeinflusst ebenfalls die Risiken. [s36] Hohe Unsicherheit in der Wirtschaftspolitik mindert das Vertrauen und führt zu geringeren Investitionen und Renditen. [s36] Inflation und steigende Zinsen verstärken diesen Effekt zusätzlich. [s36] Die Volatilität wird zwar von makroökonomischen Faktoren beeinflusst und kann als Absicherung gegen wirtschaftliche Unsicherheit dienen, doch fungieren Kryptowährungen nicht immer als sicherer Hafen. [s36] Neben den makroökonomischen Einflüssen ist die Volatilität ein inhärentes Merkmal des Kryptomarktes. [s37] Dieser bietet zwar Investitionsmöglichkeiten, birgt aber im Vergleich zu anderen Anlageklassen höhere Risiken. [s37] Alle Kryptowährungen weisen volatile Preisbewegungen auf, selbst die stabilsten. [s37] Starke positive Korrelationen innerhalb des Marktes, besonders zwischen führenden Kryptowährungen, existieren. [s37] So zeigen Investitionen sowohl in einzelne Kryptowährungen als auch in Portfolios extreme Verlustrisiken. [s37] Methoden wie die Extremwerttheorie in Kombination mit GARCH-Modellen ermöglichen eine umfassende Risikobewertung. [s37] Analysen zeigen, dass alle Kryptowährungen hohen potenziellen Verlusten ausgesetzt sind. [s37] Dies verdeutlicht die Notwendigkeit hoher Kapitalanforderungen für Finanzinstitute. Interessanterweise können einige Plattformen Marktschwankungen strategisch nutzen, um ihre liquiditaet zu verbessern. [s38] Dies deutet auf Fähigkeiten im Risikomanagement hin. [s38] Digitale Währungsbestände können die Liquidität erhöhen, besonders bei Plattformen, die die Volatilität effektiv managen. [s38] So können Unternehmen mit digitalen Währungen schneller Liquidität generieren als mit traditionellen Anlagen. [s38] Die Fähigkeit, Liquidität während hoher Volatilität zu erhalten, bietet einen Wettbewerbsvorteil. [s38] Diese Erkenntnis ist besonders relevant für Investoren, die die Volatilität nicht nur als Risiko, sondern auch als Chance begreifen wollen. Eine diversifizierte Strategie, die verschiedene Anlageklassen und Risikoprofile berücksichtigt, ist daher ratsam.

Gut zu wissen

Diversifizierte Strategie
Anlagestrategie, die das Risiko durch Investitionen in verschiedene Anlageklassen und Kryptowährungen streut.

Extremwerttheorie
Statistisches Verfahren zur Modellierung und Vorhersage extremer Ereignisse, wie z.B. starke Kurseinbrüche bei Kryptowährungen.

Kapitalanforderungen
Von Aufsichtsbehörden festgelegte Mindestkapitalmenge, die Finanzinstitute halten müssen, um Verlusten aus riskanten Anlagen wie Kryptowährungen standhalten zu können.

Korrelation
Statistischer Zusammenhang zwischen der Preisentwicklung verschiedener Kryptowährungen. Eine hohe positive Korrelation bedeutet, dass sich die Preise ähnlich entwickeln.

Regulatorisches Umfeld
Gesetzliche Rahmenbedingungen und Vorschriften eines Landes, die sich auf Kryptowährungen und deren Handel auswirken.

Risikomanagement
Prozess zur Identifizierung, Bewertung und Steuerung von Risiken im Zusammenhang mit Kryptowährungsinvestitionen.

Risikoprofil
Zusammenstellung der Risikomerkmale einer Anlage oder eines Portfolios, die die Wahrscheinlichkeit und das Ausmaß potenzieller Verluste beschreibt.

Marktvolatilitätsauswirkung

Auswirkung und Volatilität von Kryptowährungsmarktschwankungen im Zeitverlauf.

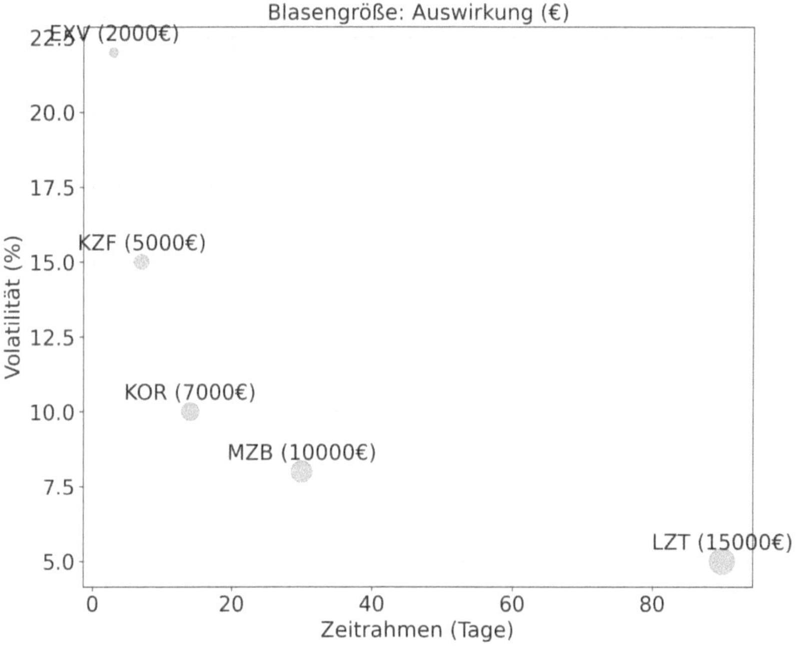

Blasengröße: Auswirkung (€)

EXV: Extremes Ereignis

KZF: Kurzfristige Schwankung

MZB: Mittelfristige Bewegung

KOR: Korrekturphase

LZT: Langfristiger Trend

Das Diagramm zeigt eine Korrelation zwischen Volatilität und Auswirkung. Perioden hoher Volatilität haben tendenziell größere Auswirkungen, sowohl positive als auch negative. Kurzfristige Schwankungen zeigen oft eine hohe Volatilität, aber eine geringere Gesamtauswirkung, während langfristige Trends eine geringere Volatilität, aber potenziell erhebliche Auswirkungen aufweisen.

Regulatorische Risiken

Regulatorische Risiken stellen einen entscheidenden Faktor für Krypto-Investments dar. Die Klassifizierung digitaler Währungen durch staatliche Stellen beeinflusst deren rechtlichen Status und somit die Möglichkeiten für Anleger. [s39] So kann die Einstufung als Wertpapier, Ware oder Zahlungsmittel unterschiedliche steuerliche und aufsichtsrechtliche Konsequenzen haben. Die Unsicherheit über die zukünftige Regulierung erschwert die Risikobewertung und kann zu unerwarteten Kosten oder Einschränkungen führen. Die Reaktion von Finanzinstituten auf Kryptowährungen unterstreicht diese Problematik. [s39] Deren Sorge, ihre traditionelle Rolle als Finanzintermediäre zu verlieren, kann weitere regulatorische Eingriffe begünstigen. Investoren sollten daher die regulatorische Landschaft in den relevanten Jurisdiktionen genau beobachten und ihre Strategien flexibel anpassen. Eine Diversifizierung über verschiedene Anlageklassen und Länder kann helfen, regulatorische Risiken zu minimieren. Zusätzlich zur Klassifizierung beeinflussen regulatorische Maßnahmen auch die Genauigkeit von Risikomodellen. [s40] Die von Aufsichtsbehörden geforderten kapitalanforderungen für Finanzinstitute, die in Kryptowährungen investieren, basieren auf solchen Modellen. Ein Beispiel hierfür ist die Berechnung des Value-at-Risk (VaR), der potenzielle Verluste quantifiziert. Die Wahl des geeigneten Modells und dessen Parameter beeinflusst die Höhe der Kapitalanforderungen und somit die Rentabilität der Investition. Daher ist die Validierung und stetige Überprüfung der verwendeten Modelle unerlässlich. [s40] Quantilbasierte Modelle, die keine spezifischen Annahmen über die Verteilung von Renditen treffen, können die Genauigkeit der Risikobewertung verbessern und das Risiko von Fehlinterpretationen reduzieren. [s40] Durch die Aggregation verschiedener VaR-Modelle lässt sich die Zuverlässigkeit der Risikoeinschätzung weiter steigern. Dies ist besonders im volatilen

Kryptomarkt relevant, um unerwartete Verluste zu vermeiden. Investoren sollten sich der Limitationen von Risikomodellen bewusst sein und ihre Entscheidungen nicht allein auf deren Ergebnisse stützen. [s41] Die Berücksichtigung zusätzlicher Faktoren, wie der Unsicherheit im regulatorischen Umfeld, ist für eine fundierte Investitionsentscheidung unerlässlich. So kann beispielsweise die Kombination quantitativer Modelle mit qualitativen Analysen der regulatorischen Entwicklungen ein umfassenderes Bild der tatsächlichen Risiken liefern.

Vergleich regulatorischer Risiken

Kryptowährungsregulierung nach Land

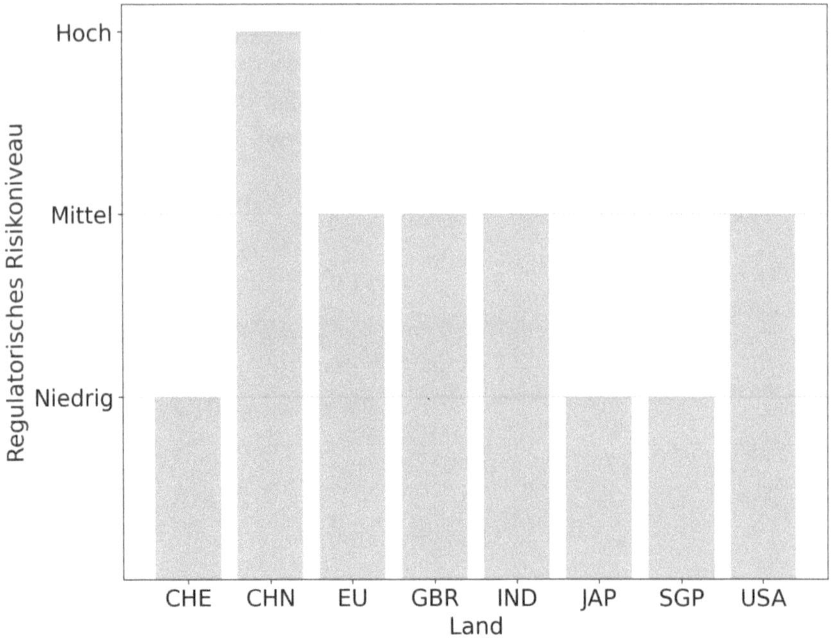

CHE: Schweiz
CHN: China
EU: Europäische Union
GBR: Vereinigtes Königreich
IND: Indien
JAP: Japan
SGP: Singapur
USA: Vereinigte Staaten

Dieses Diagramm hebt die unterschiedlichen regulatorischen Risikoniveaus im Zusammenhang mit Kryptowährungen in verschiedenen Ländern hervor. Höhere Werte weisen auf ein restriktiveres oder unsichereres regulatorisches Umfeld hin, das sich möglicherweise auf Handel, Investitionen und Innovationen im Krypto-Bereich auswirkt. Länder mit niedrigeren Werten bieten im Allgemeinen einen freizügigeren oder klar definierten regulatorischen Rahmen. Dieser Vergleich unterstreicht die Bedeutung der Berücksichtigung regulatorischer Rahmenbedingungen beim Umgang mit Kryptowährungen.

Technische Risiken

Technische Risiken im Kryptomarkt betreffen die zugrundeliegende Technologie und deren Anfälligkeit für Störungen oder Manipulationen. Dazu zählen etwa Softwarefehler in Blockchain-Protokollen, die zu Sicherheitslücken und dem Verlust von Vermögenswerten führen können. Auch die 51%-Attacke, bei der eine einzelne Entität die Mehrheit der Rechenleistung im Netzwerk kontrolliert und Transaktionen manipulieren kann, stellt ein ernstzunehmendes Risiko dar [s42]. Darüber hinaus können Hardware-Ausfälle bei Mining-Geräten oder in den Rechenzentren, die die Blockchain betreiben, zu Unterbrechungen im Netzwerk führen. Ein weiterer Aspekt ist die skalierbarkeit von Blockchains. Mit zunehmender Anzahl von Transaktionen können einige Netzwerke an ihre Grenzen stoßen, was zu Verzögerungen und höheren Transaktionsgebühren führt. Investoren sollten die technischen Grundlagen der jeweiligen Kryptowährung und deren Sicherheitsmechanismen sorgfältig prüfen. Diversifikation über verschiedene Blockchains kann das Risiko technischer Probleme auf einer einzelnen Plattform mindern. Die stetige Weiterentwicklung der Technologie erfordert zudem laufende Beobachtung und Anpassung der eigenen Anlagestrategie. Auch die Abhängigkeit von externer Infrastruktur wie Internetverbindungen oder Stromversorgung spielt eine Rolle und kann bei Ausfällen zu Beeinträchtigungen im Handel und der Verwaltung von Kryptowährungen führen. Schließlich ist das Risiko von Quantencomputern zu beachten, die in Zukunft

die kryptographischen Verfahren, die vielen Kryptowährungen zugrunde liegen, brechen könnten. Obwohl dies noch ein langfristiges Risiko darstellt, sollten Investoren die Entwicklungen in diesem Bereich im Auge behalten. Eine informierte Investitionsentscheidung berücksichtigt neben den technischen Aspekten auch die Marktentwicklung und regulatorische Rahmenbedingungen. Die Bewertung der technischen Risiken ist somit ein essentieller Teil einer umfassenden Risikoanalyse im Kryptomarkt und trägt dazu bei, fundierte Anlageentscheidungen zu treffen. Neben den erwähnten technischen Risiken können auch operative Risiken auftreten, etwa durch menschliches Versagen bei der Verwaltung von Private Keys oder durch unzureichende Sicherheitsvorkehrungen auf Handelsplattformen [s42]. Die Wahl einer sicheren Wallet und einer vertrauenswürdigen Börse ist daher entscheidend für den Schutz der eigenen Investitionen.

Wallet [i23]

Technische Risiken beim Handel und Mining von Kryptowährungen

Verteilung der technischen Risiken im Zusammenhang mit dem Handel und Mining von Kryptowährungen.

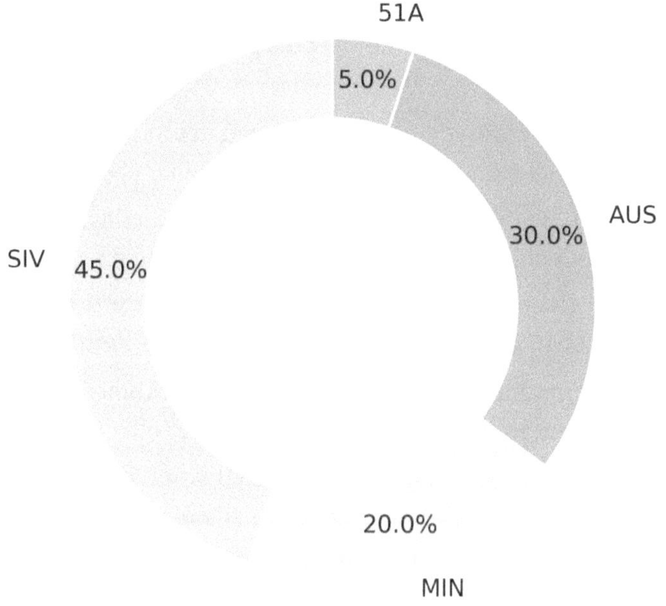

51A: 51%-Angriffe

AUS: Austauschplattform-Risiken (z. B. Ausfallzeiten, Insolvenz)

MIN: Mining-Risiken (z. B. Hardware-Ausfall, Energiekosten)

SIV: Sicherheitslücken (z. B. Hacking, Betrug)

Der größte Teil des Risikos entfällt auf Sicherheitslücken, was die Bedeutung robuster Sicherheitspraktiken unterstreicht. Auch die Risiken von Austauschplattformen sind erheblich, was die Notwendigkeit einer sorgfältigen Auswahl der Handelsplattformen betont. Obwohl die miningspezifischen Risiken geringer sind, stellen sie dennoch einen nennenswerten Anteil dar, was die Bedeutung des Verständnisses und der Minderung von Faktoren wie Hardwareausfallen und Energiekosten verdeutlicht. Das relativ geringe Risiko von 51%-Angriffen deutet darauf hin, dass dies zwar ein Problem darstellt, aber im Vergleich zu anderen technischen Risiken weniger verbreitet ist.

Konkrete Ratschläge

- Bewerten Sie Ihr persönliches Risikoprofil im Kontext Ihrer gesamten Vermögenslage, bevor Sie in Kryptowährungen investieren.
- Erstellen Sie eine Tabelle mit verschiedenen Szenarien für den Kryptomarkt (positiv, neutral, negativ) und deren Auswirkungen auf Ihr Portfolio.
- Definieren Sie klare Investitionsziele und überprüfen Sie regelmäßig, ob Ihre Krypto-Anlagen noch mit diesen Zielen übereinstimmen.
- Bestimmen Sie einen maximalen Verlust, den Sie im Kryptomarkt akzeptieren können, ohne Ihre finanzielle Stabilität zu gefährden.
- Legen Sie einen Zeitrahmen für Ihre Krypto-Investitionen fest und überprüfen Sie Ihre Strategie nach Ablauf dieses Zeitraums.
- Recherchieren Sie die historischen Kursentwicklungen verschiedener Kryptowährungen, um deren Volatilität besser einzuschätzen.
- Vergleichen Sie das Risiko-Rendite-Profil von Kryptowährungen mit anderen Anlageklassen wie Aktien, Anleihen oder Immobilien.
- Berücksichtigen Sie bei Ihrer Risikobewertung auch externe Faktoren wie politische Instabilität oder regulatorische Änderungen.
- Diskutieren Sie Ihre Krypto-Investitionen mit einem unabhängigen Finanzberater, um eine objektive Einschätzung Ihrer Strategie zu erhalten.
- Bewerten Sie die Auswirkungen von Inflation und Zinsen auf den realen Wert Ihrer Krypto-Anlagen.
- Verfolgen Sie die Entwicklung des Gesamtmarktes und passen Sie Ihre Risikostrategie bei Bedarf an.

5. 2 Vermögensverwaltung

Effektive Vermögensverwaltung ist essentiell für den langfristigen Erfolg mit Kryptowährungen. Von der lückenlosen Dokumentation jeder Transaktion bis zur sicheren Aufbewahrung Ihrer Private Keys – dieser Abschnitt behandelt die zentralen Herausforderungen und praktischen Aspekte, die den Werterhalt Ihres Portfolios gewährleisten. Dabei spielen sowohl steuerliche Aspekte als auch die Notfallplanung eine entscheidende Rolle. Die richtige Strategie schützt Ihr Vermögen vor Verlusten und vereinfacht die Abwicklung im Erbfall. Ignorieren Sie diese Aspekte nicht, denn sie bilden das Fundament für Ihren nachhaltigen Erfolg im dynamischen Kryptomarkt. Bereiten Sie sich optimal vor und sichern Sie Ihre Investitionen.

Sorgfältige Dokumentation und Notfallplanung sind essentiell für die sichere und erfolgreiche Verwaltung von Kryptowährungen.

Dokumentation

Eine umfassende Dokumentation bildet das Rückgrat Ihrer Kryptowährungsverwaltung. Sie dient nicht nur der Steuererklärung, sondern auch dem Schutz Ihres Vermögens und der Nachvollziehbarkeit Ihrer Investitionsentscheidungen. Die Dokumentation sollte alle Transaktionen, von Käufen und Verkäufen über Swaps und Staking bis hin zu Airdrops und Fork-Ereignissen, lückenlos erfassen. Notieren Sie dazu Datum, Uhrzeit, beteiligte Kryptowährungen, Menge, Transaktionsgebühren und die jeweiligen Wallet-Adressen. Plattformen wie Block-Explorer können Ihnen helfen, Transaktionsdetails zu verifizieren und zu dokumentieren. Ein simpler Excel-Sheet oder spezialisierte Krypto-Steuer-Software können für die Organisation hilfreich sein. Neben den Transaktionen sollten auch alle relevanten Dokumente für den Kauf, Verkauf oder die Verwahrung von Kryptowährungen archiviert werden. Dies umfasst Kaufbelege von Börsen, Screenshots von Wallet-Transaktionen, Vereinbarungen mit Brokern oder E-Mails von Handelsplattformen. Speichern Sie diese Dokumente sicher und gut organisiert, idealerweise digital und zusätzlich in physischer Form. Eine Cloud-basierte Speicherung kann praktisch sein, sollte aber durch zusätzliche Sicherheitsmaßnahmen wie Zwei-Faktor-Authentifizierung und starke Passwörter geschützt werden. Für physische Kopien empfiehlt sich ein feuerfester Safe. Die Wahl der richtigen Aufbewahrungsmethode für Ihre Kryptowährungen beeinflusst ebenfalls Ihre Dokumentationspflichten. Bei der Nutzung von Handelsplattformen als Custodian (Verwahrer) sollten Sie regelmäßige Kontoauszüge herunterladen und archivieren. Verwalten Sie Ihre private_keys selbst, z.B. mithilfe einer Hardware-Wallet, dokumentieren Sie neben den Transaktionen unbedingt auch die Seed-Phrase (Wiederherstellungsphrase) Ihrer Wallet. Diese sollte niemals digital gespeichert oder online zugänglich gemacht werden, sondern an einem sicheren Ort offline aufbewahrt werden. Ein verschlossener Safe oder ein Bankschließfach sind hier geeignete Optionen. Die Dokumentation

Ihrer Krypto-Aktivitäten dient auch der Ermittlung der steuerrelevanten Informationen. Halten Sie daher auch Informationen über erhaltene Zinsen aus Staking oder Lending sowie über den Wert von Airdrops oder Forks zum Zeitpunkt des Erhalts fest. Die Besteuerung von Kryptowährungen kann komplex sein und von Land zu Land variieren. Konsultieren Sie im Zweifelsfall einen Steuerberater, der sich mit Kryptowährungen auskennt, um sicherzustellen, dass Sie alle steuerlichen Anforderungen erfüllen und mögliche Probleme vermeiden. Eine gute Dokumentation hilft Ihnen dabei, die notwendigen Informationen für Ihre Steuererklärung bereitzustellen und erleichtert die Kommunikation mit Ihrem Steuerberater. Zusätzlich zu den Transaktionsdetails und den zugehörigen Dokumenten ist es ratsam, eine Strategie für den Notfall zu entwickeln. Dokumentieren Sie, wie im Falle Ihres Todes oder Ihrer Geschäftsunfähigkeit auf Ihre Krypto-Vermögen zugegriffen werden kann. Dies könnte Informationen über den Speicherort Ihrer Private Keys, Passwörter und die Kontaktdaten von vertrauenswürdigen Personen umfassen. Durch eine sorgfältige Planung stellen Sie sicher, dass Ihre Angehörigen im Notfall auf Ihre digitalen Vermögenswerte zugreifen können. Zusammenfassend lässt sich sagen, dass eine gründliche und organisierte Dokumentation ein unverzichtbarer Aspekt der Vermögensverwaltung im Bereich Kryptowährungen ist. Sie schützt nicht nur Ihr Vermögen, sondern erleichtert auch die Steuererklärung und bietet im Notfall Sicherheit. Investieren Sie Zeit und Mühe in die Einrichtung eines robusten Dokumentationssystems – es zahlt sich langfristig aus. Denken Sie daran: Je genauer und vollständiger Ihre Aufzeichnungen sind, desto besser sind Sie für alle Eventualitäten gerüstet.

Gut zu wissen

Airdrop

Die kostenlose Verteilung von Kryptowährungen an bestimmte Wallet-Adressen, oft als Marketingstrategie für neue Projekte oder als Belohnung für das Halten bestimmter Coins.

Block-Explorer

Ein Online-Tool, das es ermöglicht, Transaktionen und andere Daten auf einer Blockchain einzusehen und zu überprüfen. Dies bietet Transparenz und ermöglicht die Nachverfolgung von Transaktionen.

Custodian

Ein Verwahrer von Kryptowährungen im Auftrag von Kunden. Dies kann eine Börse oder ein spezialisierter Dienstleister sein, der die sicheren Aufbewahrung der digitalen Vermögenswerte übernimmt.

Hardware-Wallet

Ein physisches Gerät, das Private Keys offline speichert und so einen höheren Schutz vor Hackerangriffen und Diebstahl bietet.

Seed-Phrase

Eine Liste von Wörtern, die zur Wiederherstellung einer Krypto-Wallet und der zugehörigen Private Keys verwendet wird. Die Seed-Phrase muss unbedingt sicher und offline aufbewahrt werden.

Staking

Das Halten von Kryptowährungen in einem bestimmten Wallet, um Transaktionen im Netzwerk zu validieren und dafür Belohnungen zu erhalten. Dies trägt zur Sicherheit und Funktionsfähigkeit des Netzwerks bei.

Dokumentationstypen für Krypto-Asset-Management

Verteilung der Dokumentationsschwerpunkte für Krypto-Asset-Management.

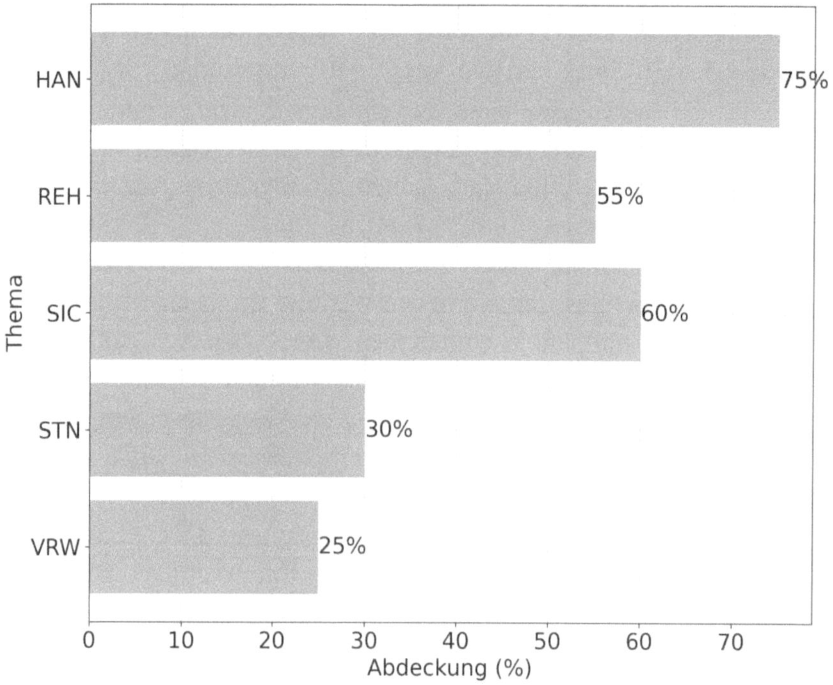

HAN: Handel und Investitionen

REH: Rechtliches

SIC: Sicherheit

STN: Steueroptimierung

VRW: Verwaltung

Das Diagramm hebt eine starke Betonung der Dokumentation zu Handel und Investitionen hervor, gefolgt von Sicherheit und Steueroptimierung. Rechtliches und Mining zeigen einen relativ geringen Fokus, was darauf hindeutet, dass diese Bereiche möglicherweise weniger dokumentiert oder für das allgemeine Benutzerverständnis in diesem spezifischen Leitfaden als weniger kritisch angesehen werden.

Notfallplanung

Notfallplanung für Krypto-Vermögen erfordert eine durchdachte Strategie, die über die reine Dokumentation hinausgeht und den Zugriff auf digitale Werte im Fall von Tod oder Handlungsunfähigkeit sicherstellt. Ein entscheidender Schritt ist die Erstellung eines detaillierten Plans, der den Speicherort Ihrer private_keys, Passwörter und Seed-Phrases beinhaltet. Bewahren Sie diese Informationen nicht digital, sondern offline an einem sicheren Ort auf, etwa in einem verschlossenen Safe oder Bankschließfach. Zusätzlich sollten Sie die Zugangsdaten für alle relevanten Plattformen und Konten, inklusive Börsen und hardwarewallets, dokumentieren. Ergänzend zu den technischen Aspekten ist es unerlässlich, vertrauenswürdige Personen zu bestimmen und in Ihren Notfallplan einzubeziehen. Diese Personen sollten über Ihre Krypto-Investitionen informiert sein und im Ernstfall Zugriff auf die notwendigen Informationen erhalten. Eine klare Anweisung, wie mit den digitalen Vermögenswerten zu verfahren ist – etwa Verkauf, Übertragung oder langfristige Verwahrung – minimiert das Risiko von Missverständnissen oder Verlusten. Ein Testament oder eine ähnliche rechtliche Vereinbarung kann dabei helfen, Ihre Wünsche verbindlich festzulegen und den Zugriff für Ihre Erben zu regeln. Diese Planung ermöglicht es, auch unter ungünstigen Umständen die Kontrolle über Ihr Krypto-Vermögen zu bewahren und den beabsichtigten Verbleib sicherzustellen. Die Berücksichtigung der öffentlichen Aufmerksamkeit auf bestimmte Kryptowährungen kann ebenfalls in die Notfallplanung integriert werden. Eine erhöhte Aufmerksamkeit kann zwar zu kurzfristiger volatilitaet führen [s43], bietet aber auch die Chance, im Notfall schneller liquiditaet zu generieren, sollte ein rascher Verkauf der Vermögenswerte notwendig sein. Eine solche Strategie erfordert jedoch eine sorgfältige Abwägung von Risiko und potenziellem Nutzen.

Testament

Ein rechtsverbindliches Dokument, das festlegt, wer Ihre Vermögenswerte nach Ihrem Tod erhält. Es ist wichtig, Ihre Krypto-Vermögen in Ihrem Testament aufzuführen und klare Anweisungen für den Zugriff zu geben.

Notfallplanverteilung

Verteilung der Notfallplanmaßnahmen für Kryptowährungsvermögen.

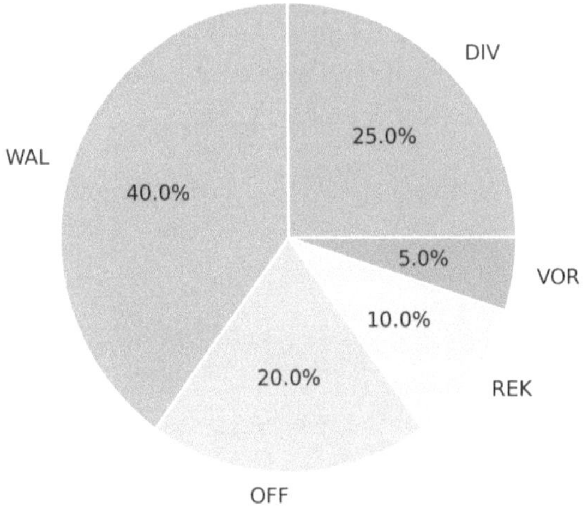

DIV: Diversifizierung über Vermögenswerte und Plattformen

OFF: Offline-Speicherung (Hardware-Wallets)

REK: Reaktionsplan für Zwischenfälle (Hacking/Verlust)

VOR: Rechtsberatung und Dokumentation

WAL: Wallet- und Börsenzugangssicherheit (2FA, Multi-sig)

Der größte Teil des Notfallplans konzentriert sich auf die Sicherung des Zugangs zu Wallets und Börsen, was seine entscheidende Rolle beim Vermögensschutz unterstreicht. Diversifizierung und Offline-Speicherung stellen bedeutende Anteile dar und betonen die Wichtigkeit der Risikostreuung und des Schutzes vor Online-Schwachstellen. Während Rechtsberatung und Reaktion auf Zwischenfälle kleinere Anteile ausmachen, bleiben sie unerlässlich, um in komplexen Rechtslandschaften zu navigieren und effektiv auf Sicherheitsverletzungen zu reagieren. Diese Verteilung deutet auf einen ausgewogenen Ansatz für die Notfallplanung hin, der die Zugriffssicherheit priorisiert und gleichzeitig Diversifizierung, Offline-Speicherung, rechtliche Erwägungen und Reaktion auf Zwischenfälle berücksichtigt.

Nachlassregelung

Die Nachlassregelung für Kryptowährungen stellt aufgrund ihrer digitalen Natur besondere Anforderungen. Ähnlich der Dokumentation von Transaktionen und der Notfallplanung gilt es, den Zugriff auf die digitalen Vermögenswerte im Todesfall sicherzustellen. Ein Testament bietet die Möglichkeit, die Verteilung der Kryptowährungen festzulegen und so den Erben den Zugriff zu ermöglichen. Im Testament sollten neben der Art und Menge der Kryptowährungen auch die zugehörigen private_keys, Seed-Phrases und Zugangsdaten zu den jeweiligen Plattformen detailliert aufgeführt werden. So wird sichergestellt, dass die Erben die Kontrolle über die digitalen Vermögenswerte erlangen und diese verwalten oder veräußern können. Ein simpler, aber sicherer Weg, diese sensiblen Informationen zu übermitteln, ist die Verwendung eines verschlossenen Umschlags, der dem Testament beigefügt wird. Alternativ kann ein Notar die Informationen treuhänderisch verwalten und im Erbfall an die Begünstigten weitergeben. Diese Vorgehensweise minimiert das Risiko des Verlusts oder des unbefugten Zugriffs auf die Kryptowährungen. Die rechtlichen Rahmenbedingungen für Kryptowährungen befinden sich in stetiger Entwicklung, daher ist es ratsam, sich über die aktuellen gesetzlichen Bestimmungen im jeweiligen Land zu informieren und gegebenenfalls juristischen Rat einzuholen [s44]. Die Komplexität der Besteuerung von Krypto-Assets erfordert eine detaillierte Auseinandersetzung mit den geltenden Regelungen, um potenzielle steuerliche Probleme für die Erben zu vermeiden [s44]. Eine frühzeitige und umfassende Nachlassplanung für Kryptowährungen schützt das digitale Vermögen und erleichtert den Erben die Abwicklung im Todesfall.

Gut zu wissen

Krypto-Assets

Digitale Vermögenswerte, die auf der Kryptographie basieren. Sie umfassen Kryptowährungen, Token und andere digitale Vermögenswerte.

Krypto-Vererbungsmethoden

Häufigkeit verschiedener Krypto-Vererbungslösungen

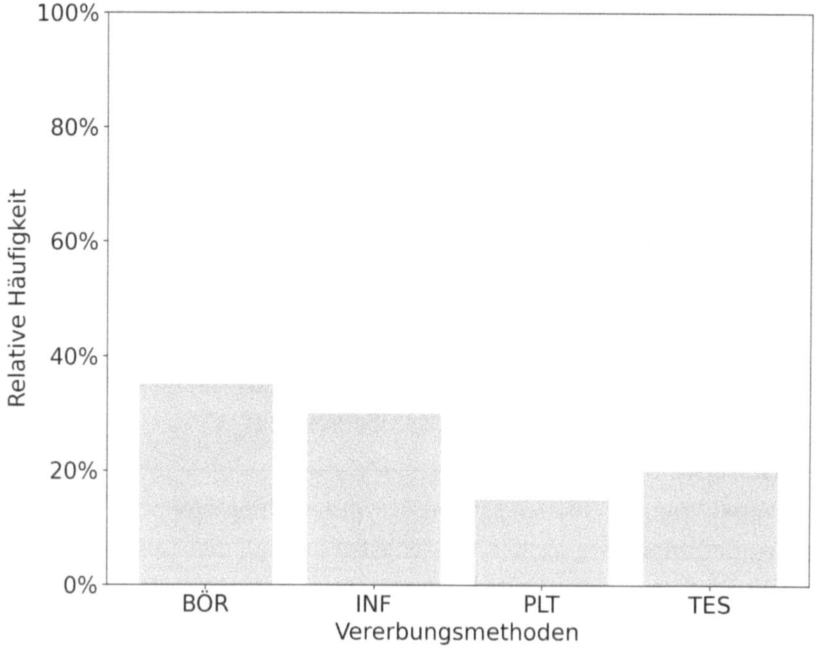

BÖR: Börsenvererbung (z. B. Begünstigtenbenennung)

INF: Informell (z. B. geteilte Passwörter)

PLT: Krypto-Vererbungsplattform

TES: Testament (Kryptovermögen spezifizieren)

Während börsenbasierte Vererbung und informelle Methoden noch weit verbreitet sind, gewinnen spezielle Krypto-Vererbungsplattformen und Testamente, die Kryptowährungen berücksichtigen, an Bedeutung. Dies deutet auf ein wachsendes Bewusstsein für sichere und rechtlich fundierte Vererbungspraktiken für digitale Vermögenswerte hin.

Konkrete Ratschläge

- Erstellen Sie einen persönlichen Vermögensverwaltungsplan, der Ihre Krypto-Anlagen in Ihre Gesamtstrategie integriert und langfristige Ziele berücksichtigt.
- Entwickeln Sie ein Bewertungssystem für Krypto-Projekte, das über die reine Marktkapitalisierung hinausgeht und Faktoren wie Technologie, Team und Community berücksichtigt.
- Simulieren Sie verschiedene Allokationsstrategien für Ihr Krypto-Portfolio und testen Sie deren Widerstandsfähigkeit gegenüber Marktveränderungen.
- Recherchieren Sie die steuerlichen Implikationen von Erbschaften und Schenkungen im Zusammenhang mit Kryptowährungen und planen Sie entsprechend.
- Erstellen Sie eine Notfallstrategie für den Verlust von Zugangsdaten, die über die Sicherung der Seed-Phrase hinausgeht und alternative Wiederherstellungsmöglichkeiten berücksichtigt.
- Bewerten Sie die Vor- und Nachteile von verschiedenen Verwahrungsmethoden für Ihre Krypto-Vermögenswerte (Hardware-Wallet, Multi-Sig-Wallet, Custody-Lösungen) und wählen Sie die für Ihr Risikoprofil passende Lösung.
- Dokumentieren Sie nicht nur Ihre Transaktionen, sondern auch Ihre Investmentstrategie und die dahinterliegenden Begründungen, um Ihre Entscheidungen später nachvollziehen und analysieren zu können.
- Richten Sie ein regelmäßiges Monitoring für Ihre Krypto-Anlagen ein, das Sie über wichtige Entwicklungen und potenzielle Risiken informiert.

Rückblick - 5. Vermögensaufbau

Vermögensaufbau mit Kryptowährungen erfordert ein tiefgreifendes Verständnis der damit verbundenen Chancen und Risiken. Die hohe Volatilität des Kryptomarktes, beeinflusst durch makroökonomische Faktoren und die inhärente Dynamik des digitalen Währungsmarktes, kann zwar zu schnellen Gewinnen führen, birgt aber auch erhebliche Verlustrisiken. Daher ist ein strategisches Risikomanagement unerlässlich. Überlegen Sie sich, welchen Anteil Ihres Vermögens Sie in Kryptowährungen investieren möchten und definieren Sie Ihre persönliche Risikobereitschaft. Diversifizieren Sie Ihr Portfolio über verschiedene Kryptowährungen und Anlageklassen hinweg, um das Risiko zu streuen. Informieren Sie sich über Methoden zur Risikobewertung, wie die Extremwerttheorie und nutzen Sie diese, um fundierte Investitionsentscheidungen zu treffen. Beobachten Sie die Korrelationen zwischen verschiedenen Kryptowährungen, um Klumpenrisiken zu vermeiden. Sehen Sie Volatilität nicht nur als Risiko, sondern auch als Chance: In Phasen hoher Volatilität können sich beispielsweise interessante Kaufgelegenheiten ergeben.

Neben den Marktschwankungen spielen regulatorische Risiken eine entscheidende Rolle. Die sich ständig ändernde Gesetzeslage und die unterschiedliche Klassifizierung von Kryptowährungen in verschiedenen Ländern können zu unerwarteten Herausforderungen führen. Behalten Sie die regulatorischen Entwicklungen in den für Sie relevanten Jurisdiktionen im Auge und passen Sie Ihre Strategie entsprechend an. Eine internationale Diversifikation kann helfen, regulatorische Risiken in einzelnen Ländern zu minimieren. Berücksichtigen Sie die Auswirkungen von Regulierungen auf Risikomodelle und Kapitalanforderungen, insbesondere wenn Sie größere Summen investieren. Verlassen Sie sich nicht ausschließlich auf quantitative Modelle, sondern beziehen Sie auch qualitative Analysen der regulatorischen Landschaft in Ihre Entscheidungsfindung ein.

Technische Risiken, die von Softwarefehlern über 51%-Attacken bis hin zur Skalierbarkeit von Blockchains reichen, erfordern ebenfalls Ihre Aufmerksamkeit. Recherchieren Sie die technischen Grundlagen der Kryptowährungen, in die Sie investieren möchten und bewerten Sie deren Sicherheitsmechanismen. Wählen Sie eine sichere Wallet, idealerweise eine Hardware-Wallet, um Ihre Private Keys offline zu speichern und vor Hackerangriffen zu schützen. Seien Sie sich der Bedeutung Ihrer Seed-Phrase bewusst und bewahren Sie diese absolut sicher und offline auf. Die Dokumentation aller Transaktionen und relevanten Dokumente ist nicht nur für steuerliche Zwecke wichtig, sondern auch für den Schutz Ihres Vermögens und die Nachvollziehbarkeit Ihrer Investitionsentscheidungen. Erstellen Sie einen Notfallplan, der den Zugriff auf Ihre Krypto-Vermögen im Falle von Tod oder Handlungsunfähigkeit regelt. Informieren Sie vertrauenswürdige Personen über Ihren Plan und stellen Sie sicher, dass diese im Notfall Zugriff auf die notwendigen Informationen haben.

Vermögensaufbau mit Kryptowährungen bietet spannende Möglichkeiten, erfordert aber auch Eigenverantwortung und kontinuierliches Lernen. Seien Sie sich der Risiken bewusst, bilden Sie sich weiter und passen Sie Ihre Strategie an die sich verändernden Marktbedingungen an. Mit einer durchdachten Strategie, einem soliden Risikomanagement und einer sorgfältigen Dokumentation können Sie die Chancen des Kryptomarktes nutzen und Ihre finanziellen Ziele erreichen. Der Weg zum erfolgreichen Vermögensaufbau mit Kryptowährungen mag herausfordernd sein, aber mit dem richtigen Wissen und der richtigen Vorbereitung können Sie Ihre Erfolgschancen deutlich erhöhen.

Kostenlose Zusatzangebote in Planung

Wir freuen uns, Ihnen künftig ergänzende kostenlose Materialien zu diesem Buch anbieten zu können:

- Ein exklusives Bonuskapitel mit zusätzlichen Inhalten
- Eine kompakte Zusammenfassung des gesamten Buches im PDF-Format
- Eine Hörspiel Version (In Planung)

Die Veröffentlichung dieser Materialien ist für 2025 geplant.
Besuchen Sie gerne schon heute unsere Website. Sobald unser Newsletter-Service startet (voraussichtlich 2025), können Sie sich dort für Updates registrieren und verpassen keine Neuigkeiten zu den kostenlosen Zusatzangeboten.

www.SaageBooks.com/de/kryptowaehrungen-bonus-ECAT39

Liebe Leserinnen, liebe Leser,

Wir fühlen uns sehr geehrt, dass Sie sich die Zeit genommen haben, unser Buch von Anfang bis Ende zu lesen. Unser größter Wunsch ist es, Ihnen wertvolle Erkenntnisse und praktische Hilfestellungen mit auf den Weg zu geben. Ihr Vertrauen in unsere Arbeit bedeutet uns sehr viel. Wir hoffen, die Lektüre war für Sie bereichernd. Sollten Sie Fragen oder Anregungen haben, können Sie uns gerne über unsere Website kontaktieren.

Wenn Ihnen dieses Buch gefallen hat, würden wir uns sehr über eine ehrliche Rezension freuen. Sie können Ihre ehrliche Bewertung ganz einfach auf der Verkaufsplattform hinterlassen, über die Sie das Buch erworben haben.
Vielen Dank für Ihre Unterstützung!

Bendis Saage

Saage Media GmbH - Team

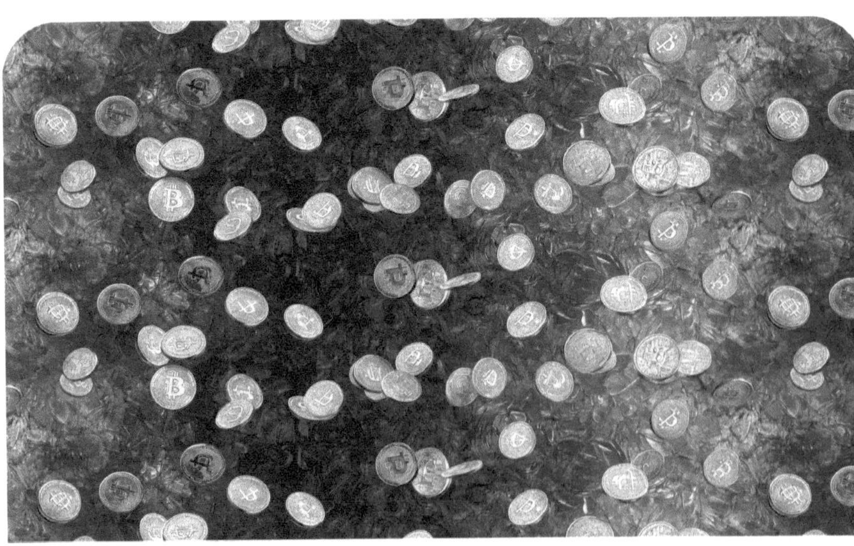

www.SaageBooks.com/de

Entdecken Sie mehr! Auf unserer Verlagswebsite erwartet Sie eine vielfältige Auswahl an weiteren Büchern. Neben kostenlosen Inhalten und exklusiven Bonusmaterialien finden Sie dort auch vertiefende Informationen zu unseren Werken. Stöbern Sie durch unser umfangreiches digitales Angebot und lassen Sie sich von zusätzlichen Leseerlebnissen inspirieren.

www.SaageBooks.com/de

Quellen

Unser aufrichtiger Dank gilt allen Autoren der zitierten wissenschaftlichen und nicht-wissenschaftlichen Quellen, den Betreibern der referenzierten Internetseiten sowie den Urhebern der verwendeten Bilder, Grafiken und Studien, deren wertvolle Arbeiten zur Entstehung dieses Buches beigetragen haben.
Für weitere Informationen empfehlen wir Ihnen, die Quellen-Websites zu besuchen.
Sollten Sie Fehler bei der Zuordnung oder andere Unstimmigkeiten entdecken, kontaktieren Sie uns bitte.

Alle Quellen wurden zuletzt aufgerufen am: 2025-02-18

[s1] - https://www.mdpi.com/1911-8074/18/2/66

Autor:	Murray A. Rudd, Dennis Porter	**Titel:**	A Supply and Demand Framework for Bitcoin Price Forecasting
von:	Multidisciplinary Digital Publishing Institute	**DOI:**	10.3390/jrfm18020066
Datum:	2025-01-30	**Webseite:**	MDPI
Publisher:	Multidisciplinary Digital Publishing Institute		

[s2] - https://pmc.ncbi.nlm.nih.gov/articles/PMC8174543/

Autor:	Parthajit Kayal, Purnima Rohilla	**Titel:**	Bitcoin in the economics and finance literature: a survey
von:	Madras School of Economics (MSE)	**DOI:**	10.1007/s43546-021-00090-5
Datum:	2021 Jun 3	**Webseite:**	PubMed Central (PMC)
Publisher:	Sn Business & Economics		

[s3] - https://dx.doi.org/https://doi.org/10.1186/s40854-023-00465-7

Autor:	Jiri Kukacka, Ladislav Kristoufek	**Titel:**	Fundamental and speculative components of the cryptocurrency pricing dynamics
DOI:	10.1186/s40854-023-00465-7	**Datum:**	2023-03-05
Publisher:	SpringerOpen		

[s4] - https://dx.doi.org/10.17016/2380-7172.3447

Autor:	Cy Watsky, Jeffrey Allen, Hamzah Daud, Jochen Demuth, Daniel Little, Megan Rodden, and Amber Seira	**Titel:**	Primary and Secondary Markets for Stablecoins
von:	Board of Governors of the Federal Reserve System	**DOI:**	10.17016/2380-7172.3447
Datum:	2024-02-23	**Webseite:**	Federal Reserve Board
Publisher:	Board of Governors of the Federal Reserve System		

[s5] - https://pmc.ncbi.nlm.nih.gov/articles/PMC7271856/

Autor:	Thomas Conlon, Shaen Corbet, Richard J McGee	**Titel:**	Are cryptocurrencies a safe haven for equity markets? An international perspective from the COVID-19 pandemic
von:	Smurfit Graduate School of Business, University College Dublin, Ireland; DCU Business School, Dublin City University, Dublin 9, Ireland; School of Accounting, Finance and Economics, University of Waikato, New Zealand	**DOI:**	10.1016/j.ribaf.2020.101248
Datum:	2020 Jun 4	**Webseite:**	PubMed Central (PMC)

[s6] - https://pmc.ncbi.nlm.nih.gov/articles/PMC7365063/

Autor:	Natthinee Thampanya, Muhammad Ali Nasir, Toan Luu Duc Huynh	**Titel:**	Asymmetric correlation and hedging effectiveness of gold & cryptocurrencies: From pre-industrial to the 4th industrial revolution
DOI:	10.1016/j.techfore.2020.120195	**Datum:**	2020 Jul 16
Webseite:	PubMed Central (PMC)	**Publisher:**	Technological Forecasting and Social Change

[s7] - https://pmc.ncbi.nlm.nih.gov/articles/PMC10840122/

Autor:	Xu Wang, Jinling Liu, Qichang Xie	**Titel:**	Quantile frequency connectedness between energy tokens, crypto market, and renewable energy stock markets
DOI:	10.1016/j.heliyon.2024.e25068	**Datum:**	2024 Jan 24
Webseite:	PubMed Central (PMC)	**Publisher:**	Heliyon

[s8] - https://pmc.ncbi.nlm.nih.gov/articles/PMC9589625/

Autor:	Juliet Elu, Miesha Williams	**Titel:**	COVID-19 Cryptocurrency Investment: Wealth Disparities and Portfolio Diversification
DOI:	10.1007/s41996-022-00108-6	**Datum:**	2022 Oct 21
Webseite:	PubMed Central (PMC)	**Publisher:**	Journal of Economics, Race, and Policy

[s9] - https://dx.doi.org/10.1186/s40854-020-00217-x

Autor:	Helder Sebastiao, Pedro Godinho	**Titel:**	Forecasting and trading cryptocurrencies with machine learning under changing market conditions
von:	SpringerOpen	**DOI:**	10.1186/s40854-020-00217-x
Datum:	2021-01-06	**Publisher:**	SpringerOpen

[s10] - https://www.mdpi.com/1911-8074/16/1/3

Autor:	Jose Almeida, Tiago Cruz Goncalves	**Titel:**	Portfolio Diversification, Hedge and Safe-Haven Properties in Cryptocurrency Investments and Financial Economics: A Systematic Literature Review
von:	Multidisciplinary Digital Publishing Institute	**DOI:**	10.3390/jrfm16010003
Datum:	2022-12-21	**Webseite:**	MDPI
Publisher:	Multidisciplinary Digital Publishing Institute		

[s11] - https://www.mdpi.com/2075-1680/12/2/209

Autor:	Yeh-Cheng Yang, Wen-Sheng Shieh, Chun-Yueh Lin	**Titel:**	Applying the Fuzzy BWM to Determine the Cryptocurrency Trading System under Uncertain Decision Process
von:	Multidisciplinary Digital Publishing Institute	**DOI:**	10.3390/axioms12020209
Datum:	2023-02-16	**Webseite:**	MDPI
Publisher:	Multidisciplinary Digital Publishing Institute		

[s12] - https://www.mdpi.com/1911-8074/17/9/406

Autor:	Namryoung Lee	**Titel:**	Joint Impact of Market Volatility and Cryptocurrency Holdings on Corporate Liquidity: A Comparative Analysis of Cryptocurrency Exchanges and Other Firms
von:	Multidisciplinary Digital Publishing Institute	**DOI:**	10.3390/jrfm17090406
Datum:	2024-09-09	**Webseite:**	MDPI
Publisher:	Multidisciplinary Digital Publishing Institute		

[s13] - https://dx.doi.org/10.2139/ssrn.3831439

Autor:	Kristin N. Johnson	**Titel:**	Decentralized Finance: Regulating Cryptocurrency Exchanges
von:	SSRN	**DOI:**	10.2139/ssrn.3831439
Datum:	2021/04/22	**Webseite:**	SSRN
Publisher:	Elsevier		

[s14] - https://www.mdpi.com/2227-9091/12/4/67

Autor:	Laeeq Razzak Janjua, Iza Gigauri, Agnieszka Wojcik-Czerniawska, Elzbieta Pohulak-Zoledowska	**Titel:**	Risk Management in the Area of Bitcoin Market Development: Example from the USA
von:	Multidisciplinary Digital Publishing Institute	**DOI:**	10.3390/risks12040067
Datum:	2024-04-15	**Webseite:**	MDPI
Publisher:	Multidisciplinary Digital Publishing Institute		

[s15] - https://www.mdpi.com/2227-9091/12/10/163

Autor:	Hossein Ghanbari, Emran Mohammadi, Amir Mohammad Larni Fooeik, Ronald Ravinesh Kumar, Peter Josef Stauvermann, Mostafa Shabani	**Titel:**	Cryptocurrency Portfolio Allocation under Credibilistic CVaR Criterion and Practical Constraints
von:	Multidisciplinary Digital Publishing Institute	**DOI:**	10.3390/risks12100163
Datum:	2024-10-11	**Webseite:**	mdpi.com
Publisher:	Multidisciplinary Digital Publishing Institute		

[s16] - https://www.mdpi.com/2227-9091/12/4/67

Autor:	Laeeq Razzak Janjua, Iza Gigauri, Agnieszka Wojcik-Czerniawska, Elzbieta Pohulak-Zoledowska	**Titel:**	Risk Management in the Area of Bitcoin Market Development: Example from the USA
von:	Multidisciplinary Digital Publishing Institute	**DOI:**	10.3390/risks12040067
Datum:	2024-04-15	**Webseite:**	MDPI
Publisher:	Multidisciplinary Digital Publishing Institute		

[s17] - https://www.mdpi.com/2075-5309/12/3/357

Autor:	Asli Pelin Gurgun, Mehmet Ilker Genc, Kerim Koc, David Arditi	**Titel:**	Exploring the Barriers against Using Cryptocurrencies in Managing Construction Supply Chain Processes
von:	Multidisciplinary Digital Publishing Institute	**DOI:**	10.3390/buildings12030357
Datum:	2022-03-15	**Webseite:**	mdpi.com
Publisher:	Multidisciplinary Digital Publishing Institute		

[s18] - https://www.mdpi.com/1911-8074/17/11/488

Autor:	Junnan Cui, Li Gao, Yufei Wang	**Titel:**	The Impact of Cryptocurrency Exposure on Corporate Tax Avoidance Among US Listed Companies
von:	Multidisciplinary Digital Publishing Institute	**DOI:**	10.3390/jrfm17110488
Datum:	2024-10-30	**Publisher:**	Multidisciplinary Digital Publishing Institute

[s19] - https://www.mdpi.com/2076-3417/11/4/1617

Autor:	Kentaro Fujita, Yuanyu Zhang, Masahiro Sasabe, Shoji Kasahara	**Titel:**	Mining Pool Selection under Block WithHolding Attack
von:	Multidisciplinary Digital Publishing Institute	**DOI:**	10.3390/app11041617
Datum:	2021-02-10	**Webseite:**	MDPI
Publisher:	Multidisciplinary Digital Publishing Institute		

[s20] - https://dx.doi.org/10.2139/ssrn.3887256

Autor:	Bikramaditya Datta, Idan Hodor	**Titel:**	Cryptocurrency, Mining Pools' Concentration, and Asset Prices
von:	SSRN	**DOI:**	10.2139/ssrn.3887256
Datum:	2021/08/09	**Webseite:**	SSRN
Publisher:	Elsevier		

[s21] - https://www.mdpi.com/2071-1050/14/14/8708

Autor:	Mohammed Shuaib, Sumit Badotra, Muhammad Irfan Khalid, Abeer D. Algarni, Syed Sajid Ullah, Sami Bourouis, Jawaid Iqbal, Salil Bharany, Lokesh Gundaboina	**Titel:**	A Novel Optimization for GPU Mining Using Overclocking and Undervolting
von:	Multidisciplinary Digital Publishing Institute	**DOI:**	10.3390/su14148708
Datum:	2022-07-16	**Webseite:**	MDPI
Publisher:	Multidisciplinary Digital Publishing Institute		

[s22] - https://www.mdpi.com/2071-1050/14/14/8708

Autor:	Mohammed Shuaib, Sumit Badotra, Muhammad Irfan Khalid, Abeer D. Algarni, Syed Sajid Ullah, Sami Bourouis, Jawaid Iqbal, Salil Bharany, Lokesh Gundaboina	**Titel:**	A Novel Optimization for GPU Mining Using Overclocking and Undervolting
von:	Multidisciplinary Digital Publishing Institute	**DOI:**	10.3390/su14148708
Datum:	2022-07-16	**Webseite:**	mdpi.com
Publisher:	Multidisciplinary Digital Publishing Institute		

[s23] - https://journals.plos.org/plosone/article?id=10.1371/journal.pone.0164603

Autor:	Luisanna Cocco, Michele Marchesi	**Titel:**	Modeling and Simulation of the Economics of Mining in the Bitcoin Market
von:	University of Cagliari	**DOI:**	10.1371/journal.pone.0164603
Datum:	Oct 21, 2016	**Webseite:**	PLOS ONE
Publisher:	Public Library of Science		

[s24] - https://www.mdpi.com/1996-1073/16/3/1331

Autor:	Nima Asgari, Matthew T. McDonald, Joshua M. Pearce	**Titel:**	Energy Modeling and Techno-Economic Feasibility Analysis of Greenhouses for Tomato Cultivation Utilizing the Waste Heat of Cryptocurrency Miners
von:	Multidisciplinary Digital Publishing Institute	**DOI:**	10.3390/en16031331
Datum:	2023-01-27	**Webseite:**	MDPI
Publisher:	Multidisciplinary Digital Publishing Institute		

[s25] - https://www.mdpi.com/1999-5903/9/3/25

Autor:	Luisanna Cocco, Andrea Pinna, Michele Marchesi	**Titel:**	Banking on Blockchain: Costs Savings Thanks to the Blockchain Technology
von:	Multidisciplinary Digital Publishing Institute	**DOI:**	10.3390/fi9030025
Datum:	2017-06-27	**Publisher:**	Multidisciplinary Digital Publishing Institute

[s26] - https://www.mdpi.com/2075-471X/8/3/16

Autor:	Sergio Luis Nanez Alonso	**Titel:**	Activities and Operations with Cryptocurrencies and Their Taxation Implications: The Spanish Case
von:	Multidisciplinary Digital Publishing Institute	**DOI:**	10.3390/laws8030016
Datum:	2019-08-05	**Webseite:**	MDPI
Publisher:	Multidisciplinary Digital Publishing Institute		

[s27] - https://www.mdpi.com/1996-1073/16/3/1331

Autor:	Nima Asgari, Matthew T. McDonald, Joshua M. Pearce	**Titel:**	Energy Modeling and Techno-Economic Feasibility Analysis of Greenhouses for Tomato Cultivation Utilizing the Waste Heat of Cryptocurrency Miners
von:	Multidisciplinary Digital Publishing Institute	**DOI:**	10.3390/en16031331
Datum:	2023-01-27	**Publisher:**	Multidisciplinary Digital Publishing Institute

[s28] - https://www.mdpi.com/2073-431X/12/12/257

Autor:	Felix Kahmann, Fabian Honecker, Julian Dreyer, Marten Fischer, Ralf Tö njes	**Titel:**	Performance Comparison of Directed Acyclic Graph-Based Distributed Ledgers and Blockchain Platforms
von:	Multidisciplinary Digital Publishing Institute	**DOI:**	10.3390/computers12120257
Datum:	2023-12-09	**Publisher:**	Multidisciplinary Digital Publishing Institute

[s29] - https://pmc.ncbi.nlm.nih.gov/articles/PMC7402366/

Autor:	Ulrich Gallersdörfer, Lena Klaaßen, Christian Stoll	**Titel:**	Energy Consumption of Cryptocurrencies Beyond Bitcoin
DOI:	10.1016/j.joule.2020.07.013	**Datum:**	2020 Aug 4
Webseite:	PubMed Central (PMC)	**Publisher:**	Elsevier

[s30] - https://pmc.ncbi.nlm.nih.gov/articles/PMC10833103/

Autor:	Yin Maythu, Andrei OJ Kwok, Pei-Lee Teh	**Titel:**	Blockchain technology diffusion in tourism: Evidence from early enterprise adopters and innovators
DOI:	10.1016/j.heliyon.2024.e24675	**Datum:**	2024 Jan 14
Webseite:	PubMed Central (PMC)	**Publisher:**	Heliyon

[s31] - https://www.mdpi.com/2410-387X/6/3/47

Autor:	Faiza Hashim, Khaled Shuaib, Farag Sallabi	**Titel:**	Connected Blockchain Federations for Sharing Electronic Health Records
von:	Multidisciplinary Digital Publishing Institute	**DOI:**	10.3390/cryptography6030047
Datum:	2022-09-16	**Webseite:**	MDPI
Publisher:	Multidisciplinary Digital Publishing Institute		

[s32] - https://journals.plos.org/plosone/article?id=10.1371/journal.pone.0240693

Autor:	Oliver J. Scholten, David Zendle, James A. Walker	**Titel:**	Inside the decentralised casino: A longitudinal study of actual cryptocurrency gambling transactions
von:	University of York	**DOI:**	10.1371/journal.pone.0240693
Datum:	Oct 28, 2020	**Webseite:**	PLOS ONE
Publisher:	Public Library of Science		

[s33] - https://www.mdpi.com/2071-1050/15/24/16887

Autor:	Sundarasen Sheela, Ahnaf Ali Alsmady, K. Tanaraj, Ibrahim Izani	**Titel:**	Navigating the Future: Blockchain's Impact on Accounting and Auditing Practices
von:	Multidisciplinary Digital Publishing Institute	**DOI:**	10.3390/su152416887
Datum:	2023-12-15	**Publisher:**	Multidisciplinary Digital Publishing Institute

[s34] - https://dx.doi.org/10.1140%2Fepjds%2Fs13688-020-00239-6

Autor:	Silvia Bartolucci, Giuseppe Destefanis, Marco Ortu, Nicola Uras, Michele Marchesi, Roberto Tonelli	**Titel:**	"The Bvtterfly Affect": impactvm of developmentvm practices on cryptocvrrency prices
von:	SpringerOpen	**DOI:**	10.1140/epjds/s13688-020-00239-6
Datum:	2020-07-23	**Webseite:**	EPJ Data Science
Publisher:	SpringerOpen		

[s35] - https://dx.doi.org/10.1515/ijdlg-2024-0007

Autor:	Jiye Hu	**Titel:**	The Regulation of Cryptocurrency in China
von:	De Gruyter	**DOI:**	10.1515/ijdlg-2024-0007
Datum:	2024-04-01	**Webseite:**	De Gruyter
Publisher:	De Gruyter		

[s36] - https://www.mdpi.com/2227-9091/12/4/67

Autor:	Laeeq Razzak Janjua, Iza Gigauri, Agnieszka Wojcik-Czerniawska, Elzbieta Pohulak-Zoledowska	**Titel:**	Risk Management in the Area of Bitcoin Market Development: Example from the USA
von:	Multidisciplinary Digital Publishing Institute	**DOI:**	10.3390/risks12040067
Datum:	2024-04-15	**Webseite:**	MDPI
Publisher:	Multidisciplinary Digital Publishing Institute		

[s37] - https://www.mdpi.com/1911-8074/15/8/346

Autor:	Pascal Bruhn, Dietmar Ernst	**Titel:**	Assessing the Risk Characteristics of the Cryptocurrency Market: A GARCH-EVT-Copula Approach
von:	Multidisciplinary Digital Publishing Institute	**DOI:**	10.3390/jrfm15080346
Datum:	2022-08-05	**Publisher:**	Multidisciplinary Digital Publishing Institute

[s38] - https://www.mdpi.com/1911-8074/17/9/406

Autor:	Namryoung Lee	**Titel:**	Joint Impact of Market Volatility and Cryptocurrency Holdings on Corporate Liquidity: A Comparative Analysis of Cryptocurrency Exchanges and Other Firms
von:	Multidisciplinary Digital Publishing Institute	**DOI:**	10.3390/jrfm17090406
Datum:	2024-09-09	**Webseite:**	MDPI
Publisher:	Multidisciplinary Digital Publishing Institute		

[s39] - https://www.mdpi.com/2227-9091/9/11/207

Autor:	Yianni Doumenis, Javad Izadi, Pradeep Dhamdhere, Epameinondas Katsikas, Dimitrios Koufopoulos	**Titel:**	A Critical Analysis of Volatility Surprise in Bitcoin Cryptocurrency and Other Financial Assets
von:	Multidisciplinary Digital Publishing Institute	**DOI:**	10.3390/risks9110207
Datum:	2021-11-12	**Webseite:**	mdpi.com
Publisher:	Multidisciplinary Digital Publishing Institute		

[s40] - https://www.mdpi.com/2227-9091/11/7/122

Autor:	Farhat Iqbal, Mamoona Zahid, Dimitrios Koutmos	**Titel:**	Cryptocurrency Trading and Downside Risk
von:	Multidisciplinary Digital Publishing Institute	**DOI:**	10.3390/risks11070122
Datum:	2023-07-06	**Webseite:**	MDPI
Publisher:	Multidisciplinary Digital Publishing Institute		

[s41] - https://www.mdpi.com/1911-8074/15/11/532

Autor:	Dora Almeida, Andreia Dionísio, Isabel Vieira, Paulo Ferreira	**Titel:**	Uncertainty and Risk in the Cryptocurrency Market
von:	Multidisciplinary Digital Publishing Institute	**DOI:**	10.3390/jrfm15110532
Datum:	2022-11-14	**Webseite:**	MDPI
Publisher:	Multidisciplinary Digital Publishing Institute		

[s42] - https://www.mdpi.com/1911-8074/15/8/346

Autor:	Pascal Bruhn, Dietmar Ernst	**Titel:**	Assessing the Risk Characteristics of the Cryptocurrency Market: A GARCH-EVT-Copula Approach
von:	Multidisciplinary Digital Publishing Institute	**DOI:**	10.3390/jrfm15080346
Datum:	2022-08-05	**Webseite:**	MDPI
Publisher:	Multidisciplinary Digital Publishing Institute		

[s43] - https://pmc.ncbi.nlm.nih.gov/articles/PMC10130660/

Autor:	Jieru Wan, You Wu, Panpan Zhu	**Titel:**	The COVID-19 pandemic and Bitcoin: Perspective from investor attention
von:	Nottingham University Business School, University of Nottingham; School of Economics, Beijing Technology and Business University	**DOI:**	10.3389/fpubh.2023.1147838
Datum:	2023 Apr 12	**Webseite:**	PubMed Central (PMC)
Publisher:	Frontiers in Public Health		

[s44] - https://www.mdpi.com/1911-8074/17/11/488

Autor:	Junnan Cui, Li Gao, Yufei Wang	**Titel:**	The Impact of Cryptocurrency Exposure on Corporate Tax Avoidance Among US Listed Companies
von:	Multidisciplinary Digital Publishing Institute	**DOI:**	10.3390/jrfm17110488
Datum:	2024-10-30	**Webseite:**	MDPI
Publisher:	Multidisciplinary Digital Publishing Institute		

Bild-Quellen

Die nicht aufgelisteten Bilder stammen entweder aus eigener Erstellung oder wurden mit entsprechender Lizenz erworben. Für diese Bilder sind alle Rechte vorbehalten.

Für alle anderen, hier aufgelisteten Bilder gilt:
Keines der Bilder wurde verändert, lediglich die Auflösung wurde angepasst. In der eBook-Version wurden die Bilder zu nummerierten Collagen zusammengestellt. Alle Bilder unterliegen weiterhin ihrer ursprünglichen Lizenz und werden gemäß ihrer jeweiligen Lizenzbestimmungen verwendet. Sollten Sie Fehler bei der Zuordnung oder andere Unstimmigkeiten entdecken, kontaktieren Sie uns bitte.

Datum der finalen Bildprüfung: 2025-02-18.

Verwendete Lizenz

CC0 http://creativecommons.org/publicdomain/zero/1.0/deed.en

Bildnachweise

[i1] - 001_001_001_image_peertopeertransaktionen.jpeg
https://upload.wikimedia.org/wikipedia/commons/f/fa/Unstructured_peer-to-peer_network_diagram.png

Date:	2013-07-26	**von:**	Kekavigi
Künstler:	Mesoderm	**License:**	CC0

[i2] - 001_001_001_image_mining.jpeg
https://upload.wikimedia.org/wikipedia/commons/b/b8/Cryptocurrency_logos.jpg

Date:	2016-02-17	**von:**	Rmccar99
Künstler:	voytek pavlik	**License:**	Public domain

[i3] - 001_001_003_image_hardwarewallets.jpeg
https://upload.wikimedia.org/wikipedia/commons/b/b3/Trezor_Model_T.jpg

Date:	2023-03-01	**von:**	FlippyFlink
License:	CC0		

[i4] - 001_001_003_image_zweifaktorauthentifizierung.jpeg
https://upload.wikimedia.org/wikipedia/commons/6/6e/Logging_in_with_2FA_on_Wikipedia.png

Date:	2019-06-08	**von:**	Newslinger
License:	CC0		

[i5] - 001_003_002_image_hardwaretoken.jpeg
https://upload.wikimedia.org/wikipedia/commons/9/97/Yubikey_with_RFID_in_black.jpg

Date:	2011-12-13	**von:**	Dennis~commonswiki
Künstler:	Dennis	**License:**	CC0

[i6] - 001_003_003_image_bankschliessfach.jpeg
https://upload.wikimedia.org/wikipedia/commons/e/e0/Safeaccounts.jpg

Date:	2005-10-05	**von:**	Kooma
Künstler:	Although	**License:**	Public domain

[i7] - 002_001_001_image_quantil.jpeg
https://upload.wikimedia.org/wikipedia/commons/8/8d/Polygone_quartile.png

Date:	4 July 2004	**von:**	File Upload Bot (Magnus Manske)
Künstler:	HB	**License:**	Public domain

[i8] - 002_001_003_image_aktie.jpeg
https://upload.wikimedia.org/wikipedia/commons/4/4c/Seattle_Theatre_Company_stock_certificate%2C_1893_%28MOHAI_11491%29.jpg

Date:	1893	**von:**	BMacZeroBot
Künstler:	Seattle Theatre Company	**License:**	Public domain

[i9] - 002_001_003_image_anleihe.jpeg
https://upload.wikimedia.org/wikipedia/commons/1/19/Concord%2C_Maynard_and_Hudson_Street_Railway_Company_bond_certificate.jpg

Date:	1902	**von:**	Pi.1415926535
Künstler:	Concord, Maynard and Hudson Street Railway	**License:**	Public domain

[i10] - 002_001_003_image_gold.jpeg
https://upload.wikimedia.org/wikipedia/commons/5/5b/GoldNuggetUSGOV.jpg

Date:	2005-01-07	**von:**	Jurema Oliveira
Künstler:	Unknown authorUnknown author	**License:**	Public domain

[i11] - 002_001_003_image_rohoel.jpeg
https://upload.wikimedia.org/wikipedia/commons/c/c2/Petroleum_sample.jpg

Date:	2020-10-12	**von:**	Nefronus
License:	CC0		

[i12] - 003_001_003_image_rechenleistung.jpeg
https://upload.wikimedia.org/wikipedia/commons/c/c7/The_catalyst_high_performance_computing_%28HPC%29.jpg

Date:	2013-11-01	**von:**	Markmhawk
Künstler:	ENERGY.GOV	**License:**	Public domain

[i13] - 003_002_001_image_application_specific_integrated_circuit.jpeg
https://upload.wikimedia.org/wikipedia/commons/5/5f/BSX2022_20220905_151638%2C_Antennas_and_ASIC_hardware.jpg

Date:	2022-09-05	**von:**	Ohsin
Künstler:	Gareeb Scientist	**License:**	CC0

[i14] - 003_002_001_image_grafikkarte.jpeg
https://upload.wikimedia.org/wikipedia/commons/f/f3/Sapphire-Radeon-HD-5570-Video-Card.jpg

Date:	2015-04-19	**von:**	Evan-Amos
License:	Public domain		

[i15] - 003_002_002_image_rechenkern.jpeg
https://upload.wikimedia.org/wikipedia/commons/6/61/NVIDIA_G80_GPU_Core.jpg

Date:	2011-07-23	**von:**	Hyins
License:	Public domain		

[i16] - 003_002_002_image_speicherbandbreite.jpeg
https://upload.wikimedia.org/wikipedia/commons/e/ed/Sierra_Supercomputer_%2848002385338%29.jpg

Date:	2018-07-11	**von:**	MarginalCost
Künstler:	U.S. Department of Energy	**License:**	Public domain

[i17] - 003_003_001_image_gewaechshaus.jpeg
https://upload.wikimedia.org/wikipedia/commons/b/b1/Small_greenhouse_with_grapevines_escaping.jpg

Date:	2017-08-22	**von:**	W.carter
License:	CC0		

[i18] - 003_003_002_image_firmware.jpeg
https://upload.wikimedia.org/wikipedia/commons/0/01/Firmware_upgrade.jpg

Date:	14 January 2006	**von:**	Wladston
License:	Public domain		

[i19] - 003_003_002_image_kuehlsystem.jpeg
https://upload.wikimedia.org/wikipedia/commons/c/c2/1U_rack_mount_server_cooling_system_fan_heat-sink.jpg

Date:	2011-09-13	**von:**	GMLSX
Künstler:	Tobias Maier	**License:**	CC0

[i20] - 003_003_002_image_netzwerkgeraet.jpeg
https://upload.wikimedia.org/wikipedia/commons/3/38/Raspberry_Pi_4_on_a_network_switch.jpg

Date:	2025-02-04	**von:**	Rail01
Künstler:	rail fox	**License:**	CC0

[i21] - 004_001_002_image_asic.jpeg
https://upload.wikimedia.org/wikipedia/commons/e/ee/Avalon-An_ASIC_base_bitcoin_machine.jpg

Date:	2013-09-14	**von:**	Xiangfu
Künstler:	Zhang Nangeng	**License:**	CC0

[i22] - 004_003_003_image_geldwaesche.jpeg
https://upload.wikimedia.org/wikipedia/commons/7/77/Secret_Service_Asset_Forfeiture_and_Money_Laundering_Task_Force_%28AFMLTF%29.png

Date:	2017-10-10	**von:**	Wiki image 2000
Künstler:	U.S. Secret Service	**License:**	Public domain

[i23] - 005_001_003_image_wallet.jpeg
https://upload.wikimedia.org/wikipedia/commons/1/19/Cryptocurrency.jpg

Date:	2025-01-02	**von:**	Anupam738
License:	CC0		

FSC
www.fsc.org
MIX
Papier | Fördert gute Waldnutzung
FSC® C083411

Kolibri 360 GmbH
Ferdinand-Jühlke-Straße 7
99095 Erfurt, Deutschland
produktsicherheit@kolibri360.de